CARSTEN / DER FALL OTTILLINGER

Catarina Carsten

DER FALL OTTILLINGER

Eine Frau
im Netz
politischer Intrigen

Mit einem Nachwort von Eberhard Strohal

HERDER
WIEN · FREIBURG · BASEL

© Herder & Co., Wien 1983
Alle Rechte vorbehalten / Printed in Austria
Satz und Druck: Carinthia, Klagenfurt
Umschlaggestaltung: Erich Baumann
Bestellnummer: ISBN 3-210-24.728-5

INHALT

EINSTIEG

Wir treffen uns in Schruns, um zwei Wochen ungestört zu arbeiten.
Als ich ankomme, rufe ich sofort an.

„Ich muß das Bett hüten", sagt sie. Es klingt belustigt.

„Hüten Sie es gut", sage ich, „kann ich Sie trotzdem besuchen?"

„Sie sollen mich gerade deswegen besuchen. Ich freue mich. Sie
glauben nicht, wie ich mich freue."

Ich glaube es ihr. Ihre Spontaneität ist umwerfend.

„Sie sind ein Mensch. Ein wirklicher Mensch. Es gibt so wenige.
Immer muß man mit diesen Masken herumlaufen."

Es ist eine gute Viertelstunde Fußweg von meiner Pension zum
Krankenhaus. Der Schnee liegt meterhoch an den Straßenrändern.
In der Nacht hat es wieder geschneit. Ich denke an meine erste
Begegnung mit Margarethe Ottillinger, von der ich nichts weiter
wußte als: „Das ist doch die mit der Wotruba-Kirche."

Ich traf sie in ihrem Büro der ÖMV AG in Wien. „Was
ist das?" hatte ich in aller Naivität gefragt und war belehrt worden:
„Die Verstaatlichte Erdölgesellschaft der Republik Österreich."

Margarethe Ottillinger war Vorstandsdirektor. Ich denke an
meinen Widerstand, dieses Gespräch mit einer Karrierefrau, einer
Industriekapitänin, zu beginnen.

Der Journalist in mir behauptete: „Das hast du doch schon
gekonnt. Es ist das Auftragswerk eines Verlags, weiter nichts."

Eine andere Stimme, die viel tiefer innen beheimatet war, warnte,
daß es mehr werden könnte als ein Auftrag, den man ausführte und
vergaß.

Ich hatte mich, durch ihren Redestrom zur Verzweiflung gebracht, gerade zu der Entscheidung durchgerungen, nein zu sagen,
als ein Augenblick der Stille mich wieder unschlüssig werden ließ.

Wir sahen uns an.

Sie hat die Augen von Kindern, die all das wissen, was sie nicht
wissen können. Seit ich jene Stelle im Talmud kennengelernt habe,

weiß ich, weshalb ich von den Augen kleiner Kinder nicht mehr loskomme: „Wenn ein Kind zur Welt kommt, berührt ein Engel seine Stirn, damit es die Wahrheit vergißt, die es im Augenblick der Geburt weiß. Würde es sie nicht vergessen, wäre das spätere Leben unerträglich."

In den Augen ganz kleiner Kinder ist noch ein Abglanz der Wahrheit, die der Engel sie vergessen ließ.

Margarethe Ottillinger sah mich noch immer an. Dann sagte sie: „Alles Entscheidende habe ich geträumt. Von Kind an bis heute."

Das gab den Ausschlag.

Als ich sagte: „Ich glaube, es wird gehen", spürte ich die Welle von Zutrauen, die von ihr auf mich zukam.

Ich betrete das Krankenhaus „Maria Rast", frage nach der Patientin. Eine Schwester führt mich auf ihr Zimmer. Kein Stuhl ist frei. Auf jedem liegen große Stapel von Akten, Umschlägen, Ordnern.

„Und das wirft der Arzt nicht hinaus?"

Sie lacht: „Der kennt mich schon."

Wir begrüßen uns.

Sie sieht mich aufmerksam an und ich sie. Ihr Gesicht ist faltenlos, obwohl es dem Alter nach nicht sein dürfte, die Hände sind auffallend klein, die Augen groß, braun, offen.

Sie liegt seit zwei Wochen fest. Ich sehe die Einstichstellen für Infusionen an ihren Armen. Eine Schwester kommt und fragt die Patientin nach ihren Wünschen für das Sonntagessen.

Frühstück: „Einen Malzkaffee, bitte, mit Milch, ohne Zucker, und zwei Scheiben Brot."

Mittags: „Einen Reis, ohne Salz, bitte, und ein Apfelkompott ohne Zucker."

Jause: „Wenn ich einen Vanillepudding haben könnte?"

„Mit Saft?"

„Ohne alles, bitte."

Nachtmahl: „Wieder einen Malzkaffee, bitte."

„Aber doch ein Butterbrot dazu?"

„Also gut."

„Morgen ist Sonntag," erinnere ich, „da darf's schon etwas Gutes zusätzlich sein."

Sie sieht die Schwester an, die geduldig mit Block und Bleistift wartet, und hat ein Gesicht wie ein kleines Schulmädchen, dem noch ein Wunsch einfällt: „Wenn ich vielleicht zwei Vanillepudding haben könnte?"

„Und was wird mit dem Buch?" fragt sie, als die Schwester gegangen ist, „ich habe keine Ahnung, wie man so was macht." Wir beginnen mit der Lagebesprechung.

„Es wird unser Buch. Sie sagen, Sie können nicht schreiben. Der Inhalt ist überwiegend Ihre, die Form ist meine Sache. Wir werden hier zwei Wochen Zeit haben. Das ist ein Ausnahmezustand, den wir nützen müssen. Solange Sie nicht aufstehen können, werde ich jeden Tag zwei Stunden zu Ihnen kommen. Das dürfte anstrengend genug sein."

Sie sieht mich aufmerksam an. „Auch für Sie?"

„Worauf Sie sich verlassen können."

„Ich habe schon über den Titel nachgedacht", sagt sie lebhaft, „es muß etwas mit Gott sein. Mein Kampf um Gott."

Mir stehen die Haare zu Berge.

„Vorsicht!" sage ich, „um Himmels willen, Vorsicht! Es gibt da schon einige Bücher, die Reminiszenzen heraufbeschwören könnten. Vom ‚Kampf um Rom' bis zu jenem Kampf vom Führer des Tausendjährigen Reiches."

Sie sieht mich erwartungsvoll an. Ich zucke die Schultern.

„Titel kann man nicht aus dem Ärmel schütteln. Die guten fallen einem ein oder ergeben sich aus dem Text. Ich weiß schon, was Sie meinen: ‚Jakob ringt mit dem Engel'."

Sie nickt wieder und beharrt: „Aber Gott muß darin vorkommen und mein Kampf um ihn auch."

„Lassen wir den Titel noch, ja? Das ist wie mit einem Namen, auf den man nicht kommt. Wenn man nicht mehr darüber nachdenkt, fällt er einem plötzlich ein."

Sie fängt ohne Übergang an zu erzählen.

Ein Tonband steht neben mir, aber ich rühre es nicht an. Block und Bleistift liegen in meiner Tasche, aber ich lasse sie beide noch, wo sie sind.

Diese Frau soll kein Interview geben. Sie soll das sichere und gute

Gefühl haben, einem Menschen gegenüber zu sitzen, der ihr zuhört, der für sie da ist, dem sie vertrauen kann.

Was ich ihr bieten kann, ist meine Offenheit, Wahrheitsliebe und Diskretion. Das schließt sich nicht aus. Das bedingt sich.

Je mehr, je länger sie erzählt, umso stärker spüre ich, daß ich in einen Sog gerate, gegen den ich mich nicht wehren könnte, wie ein fremdes Schicksal beginnt, von mir Besitz zu ergreifen, als wäre es mein eigenes.

Monatelang werde ich nichts weiter sein als ein Schwamm, der sich vollsaugt, um am Abend ausgepreßt zu werden, bereit für Neues, das immer wieder auf ihn zukommen wird. Während sie erzählt, während unsichtbare Kräfte in mir aufnehmen und speichern, arbeitet mein Kopf schon an der Form, die sich langsam herauskristallisiert. Er muß schnell fertig werden mit seiner Arbeit, weil ich vorher nicht anfangen kann zu schreiben, weil diese Sturzbäche aufgefangen und weitergeleitet werden müssen. Vieles muß ich vorbeigehen lassen, ohne es aufzufangen. Wir müssen uns erst einspielen.

Margarethe Ottillinger macht eine kurze Pause. Sie streicht über einen Schal aus weicher, heller Wolle.

„Den hat die Mutter gemacht.“

„Haben Sie sie noch?“

„Nein. Sie starb vier Jahre, nachdem ich aus russischer Gefangenschaft entlassen wurde. Sie hat auf mich gewartet. Es war zuviel für sie. Mein Bruder kam 1947 aus Stalingrad zurück. Ein Jahr später wurde ich verhaftet und nach Rußland verschleppt.“ Sie sieht auf.

„Er wärmt.“

„Natürlich.“

„Er wärmt noch anders, als Sie meinen.“

„Ich verstehe sehr gut.“

Sie nickt zufrieden.

„Wissen Sie, für mich hat jedes Ding sein eigenes Leben. Als ich einmal einen Autounfall hatte, habe ich den völlig demolierten VW wieder herrichten lassen, obwohl mich alle für verrückt erklärten. Er hat sich aufgestellt, und die Bodenplatte hat mir das Leben gerettet.“

Sie macht einen Gedankensprung. Darin ist sie Meister. „Als ich aus Rußland zurückkam, hab' ich nicht weinen können. Ich lag im Krankenhaus, alles voll Blumen, ganze Kirchen haben wir damit geschmückt, und die Menschen um mich herum weinten.

„,Ich bin ja wieder da', hab' ich gesagt und konnte nicht weinen. Eines Tages bekam ich ein ganz kleines Schachterl. Da waren sieben Edelweiß drin. Und ein Zettel: ,Damit Sie sehen, daß die Berge Sie nicht vergessen haben, hab' ich Ihnen jedes Jahr ein Edelweiß gepflückt.' Da hab' ich geweint."

„Sie klettern?"

„Ja, früher, als ich gesund war. Meine letzte Tour war das Totenkirchl am Wilden Kaiser. Der Loidl, der mich damals geführt hat, von dem waren die Edelweiß."

„Ist das nicht eine schwere Tour?"

„Für mich schon. Das geht nimmer. Aber Schießen, das geht noch."

„Schießen? Sie schießen Böcke?"

Sie lacht. „Nicht nur. Auch Gemsen und Hirsche."

„Warum schießen Sie?" Ich versuche, mir ihre Kinderhände mit einem Gewehr vorzustellen.

„Ich hab' es lernen wollen, um mich wehren zu können. Wenn sie mich wieder in ihre Keller schleppen würden . . ."

Mir wird schwindlig.

„Wie spät ist es?" Sie sieht auf die Uhr. Zwei Stunden sind um. Mir ist, als wären es fünf Minuten gewesen.

„Auf Morgen?"

„Auf Morgen. Warten Sie. Gehen Sie bitte zur Balkontür. Da steht eine blaue Tasche. Haben Sie sie? Und daneben ein Papiersack. Greifen Sie bitte da hinein."

Ich halte eine Orange in der Hand, groß wie ein Kinderkopf. „Die ist für Sie. Lassen Sie sich's schmecken."

Ich habe die Tür schon aufgemacht, da ruft sie mir nach: „In der Wotruba-Kirche waren zu Weihnachten fünfhundert Menschen. Draußen sind sie noch gestanden. Ein Kind ist auch schon dort getauft worden. Am St.-Georgs-Tag. Auf die Namen Georg Michael."

Noch auf dem Gang spüre ich ihre Augen im Rücken.

In der Pförtnerloge sitzt eine alte Schwester. Sie nickt abwesend-freundlich. Ein großer Kalender hängt auf dem Gang: „Samstag, 8. Januar 1977" und darunter ein Spruch: „Der Erfolg ist immer das Resultat einer Chance, multipliziert mit Energie und Kenntnissen."

Das klingt gut von den Klugen dieser Welt für die Klugen dieser Welt. Beinahe hätten sie's getroffen.

Beinahe.

Jakob Böhme und Johann Sebastian Bach hätten es besser gewußt.

Auch Josephine Baker, die halbnackt über die Bühnen der Welt tanzte und vor jedem Auftritt in ihrer Garderobe betete.

„Man muß die Kräfte, die uns Gott gegeben hat, im Gebet sammeln."

EIN KIND AUS STEINBACH

Inzwischen stört es MO auch nicht mehr, wenn ich schreibe, während sie spricht.

Über die Form brauche ich mir keine Sorgen mehr zu machen. Ich werde die Gespräche in der Reihenfolge aufschreiben, in der wir sie führen. So wortgetreu wie möglich. So kommen wir der Wahrheit am nächsten.

Margarethe Ottillinger wurde am 6. Juni 1919 als zweites Kind der Eheleute Anton und Therese Ottillinger in Wien geboren.

Sie wuchs in Steinbach auf, einem Dorf mit zehn Häusern, westlich von Wien. Wie so viele Familien, hatte auch ihre Familie alles verloren. Das Haus war ihr einziger Besitz.

„Das Haus, ein typisches Jagdhaus mit einer hölzernen Veranda, rosenüberwachsen und mit einer Freitreppe, war viel zu groß für uns.

Trotzdem hatte ich mitunter das Gefühl, daß mir in diesem Haus kein Fleck gehörte. Die Mutter war energisch und tatkräftig, der Vater still und in sich zurückgezogen. Er hat nie viel geredet, aber jedes Opfer gebracht.

Wir Kinder waren zu zweit: mein Bruder Karl, 1916 geboren, und ich. Und dann war noch die Großmutter im Haus: Josepha Bogenberger.

Die Bogenberger sind seit Jahrhunderten in den alten Matrikeln in Mauerbach eingetragen. Mauerbach ist die Gemeinde, zu der das Dorf Steinbach gehört.

Meine Großmutter mochte mich nicht. Sie ließ es mich spüren und sprach es aus: ‚Ich mag keine Mädchen.'

Meinen Bruder Karl mochte sie.

Als sie, vom Schlag getroffen, gelähmt im Bett lag, mußte ich ihr eine Orange schälen. Als ich die Orange geschält und in einzelne Scheiben zerteilt hatte, schickte die Großmutter mich hinaus. Ich ging damals noch nicht zur Schule. Ich habe die Großmutter gehaßt. Als sie nicht mehr sprechen, nur noch lallen konnte, habe ich mich an ihr Bett gesetzt und hab' das Lallen nachgeäfft.

13

Als sie starb, wurde sie, wie das damals auf dem Land üblich war, in einem schwarz ausgeschlagenen Zimmer im offenen Sarg aufgebahrt. Alle Verwandten, Nachbarn und Freunde kamen zum Kondolieren. Ich genoß das Schauspiel.

Am Abend, als alle gegangen waren, hab' ich mich aus dem Bett geschlichen und bin heimlich in das Totenzimmer gegangen. Ich hab' die Tote angeschaut im Triumph und hab' gesagt: ,Jetzt kannst du mich nicht mehr quälen und ungerecht und bös zu mir sein.'

Wie sie dalag mit ihrem ruhigen Totengesicht, hab' ich mich auf einmal umgedreht, bin hinaufgelaufen und hab' auf der Stiege bitterlich geweint, daß ich so sein konnte.

Der größte Wunsch meiner Kindheit war ein Puppenwagen. Das war zur Zeit, als die Großmutter noch lebte. Weil der Vater und die Mutter viel Arbeit mit der Pflege hatten, hab' ich im Haus geholfen, was ein Kind halt helfen kann. Eines Tages hab' ich das Geschirr gespült. Da seh' ich gegenüber die kleine Tochter vom Gasthof ,Steinböck', die einen Puppenwagen schiebt. Ich bin aus dem Haus gestürzt, auf den Puppenwagen zu und hab' ihn nur einmal fahren wollen. Aber das kleine Mädchen hat mich mit meiner nassen Schürze nur einmal angeschaut, hat mich zurückgeschoben und ist mit dem Puppenwagen davongefahren.

Ich glaube, das war der Tag, an dem mein Alleingang begonnen hat. Einmal hat mich die Mutter in einem Winkel gefunden, ganz allein.

,Was tust du denn hier?' hat sie gefragt.

Ich hab gesagt: ,Einsam sein. Ich muß es üben.'

Ich war wild und jähzornig und von einem verrückten Ehrgeiz, etwas zu tun, das andere mir erschweren, verbieten oder unmöglich machen wollten.

Es heißt, daß alle Kinder in einem gewissen Alter zu stehlen versuchen.

Ich auch. Und zwar Schnapsglaserln. Auf dem Land wird einem ja bei Besuchen ein Schnaps angeboten. Zu trinken bekam ich natürlich keinen, aber die Gläser ließ ich nicht aus den Augen. Eines mußte ich mitgehen lassen. Daheim zeigte ich es der entsetzten Mutter, die es unter vielen Entschuldigungen wieder zurücktrug.

Das nächste Mal paßte sie auf wie ein Luchs. Aber so aufmerksam wie ich konnte sie gar nicht sein. Der Bruchteil einer Sekunde genügte, und ich hatte mein Glaserl, um es daheim wieder triumphierend zu zeigen. Ich weiß nicht mehr, mit welchen Entschuldigungen die Mutter in wie viele Häuser gehen mußte, um gestohlene Glaserln zurückzutragen. Der Diebstahl gelang mir immer wieder, trotz strenger Aufsicht. Vielleicht fuhren wir auch deshalb jedes Jahr nach Wien auf den Christkindlmarkt, wo wir allerlei einkauften zum Fest. Auch regelmäßig zwei Spielpracker, die an mir zerhaut wurden. Die Mutter hätte sich anders nicht zu helfen gewußt.

Die Geschichte mit den Stiefmütterchen hab' ich auch nicht vergessen.

Das war beim Heimweg von der Schule. Ich bin schon mit fünf Jahren in die Schule gegangen: ‚Weil ich so viel lernen muß. Ich will ein Doktor werden.'

Also ging ich mit meinem Bruder Karl eine Stunde lang von Steinbach nach Mauerbach, das zu dieser Zeit zur Gänze dem Freiherrn von Bach gehörte. Damals stand das schöne alte Barockschloß noch. Der hatte vier Töchter, und die Henriette hatte mich gern und ich sie. Sie lebt übrigens noch, und wir sind Freundinnen bis auf den heutigen Tag.

Wie wir einmal aus der Schule kamen, sagte sie: ‚Bei uns blühen die Stiefmütterchen. Magst du sie sehen?'

Ich durfte sie sehen und sehe sie heute noch: blau und weiß und rötlich und gelb und violett, ein Beet am anderen. Ich durfte pflücken, soviel ich wollte, und pflückte meine ganze Schürze voll. Ich dachte, wie die Mutter sich freuen wird, wenn ich ihr die Stiefmütterchen bring'. Die Mutter hatte sich um mich gesorgt, weil ich länger ausgeblieben war, und kam mir im Wald entgegen. Es nützte nichts, daß ich ihr die offene Schürze mit den Stiefmütterchen entgegenhielt. Sie wartete keine Erklärung ab. Ich bekam meine Schläge."

Plötzlich beginnt sie zu lachen.

„Sie werden denken: das ist ja schauerlich. Es war alles so, wie ich's erzählt hab'. Aber es war nicht nur so. Wir haben auch ganz schön umgetrieben.

15

Einmal in der Woche fuhr die Mutter nach Wien zum Einkaufen. Weil ich ihr eine Freude machen wollte, hab' ich im Haus schön aufgeräumt. Bei einem Streit mit meinem Bruder kam's aber dann zu einer Wasserschlacht. Die halbe Wohnung schwamm. Damit nicht genug, rannten wir hintereinander her, weil einer den anderen prügeln wollte. Unsere Wohnung lag so, daß man von jedem Fenster ins Freie springen konnte. Wir sprangen also aus dem einen Fenster hinaus und zum anderen wieder herein, tobten über die Betten und Sessel, ohne daß einer den anderen gefangen hätte.

Als mir ein besonders guter Gedanke durch den Kopf schoß, bin ich meinem Bruder entwischt, hab' mich hinter der Hausecke versteckt und einen Besen gepackt. So, hab' ich gedacht, und wenn der Karl jetzt ums Haus rennt, dann schlag' ich mit dem Besen zu.

Ich schlug zu mit aller Kraft.

Es war aber nicht der Karl. Es war der Herr Englinger, der bei uns im Haus wohnte und der, im Leichenfrack und Zylinder, von einer Beerdigung kam. Den Zylinder hatte ich ihm bis über die Ohren herab zusammengeschlagen. Im gleichen Augenblick kam mein Bruder und erstarrte. Im selben Augenblick kam auch die Frau Mama mit all ihren Paketen und erstarrte gleichfalls.

Dann sprach sie würdevoll: ‚Herr Englinger, ich habe noch einen sehr schönen Zylinder von meinem Vater. Den können Sie haben.'

Aber der arme Englinger hat gar nichts gehört, sondern nur aus seinem Zylinder wollen.

‚Raus will ich', hat er immerzu dumpf gemurmelt, ‚raus will ich.'

Wir haben zu dritt an dem Zylinder gezogen, und dann haben wir den Englinger endlich befreit.

Es geht weiter.

Als die Mama die Wohnungstür aufmachte, erstarrte sie wieder. Alles schwamm. Sie sagte: ‚Ich glaube, heute gehen zwei Spielpracker drauf.'

So war es.

Als wir unsere Prügel bekommen hatten, nahm sie zwei Stück Brot und zwei Äpfel, richtete für jeden von uns ein Binkerl, drückte es uns in die Hände und sagte:

‚Geht. Ich will euch nicht mehr sehen.'

Wir gingen wirklich. Ich voll Trotz und Zorn, mein Bruder laut weinend. Als wir auf den Wald zugingen, weinte er noch mehr.

‚Der Wald ist so dunkel.‘

Der Karl war nicht weiterzubringen. Ich wollte weiter. Die sollten uns suchen und Angst um uns haben. Die sollten nicht schlafen können vor Sorge und schlechtem Gewissen. Aber der Karl bettelte und bettelte, daß wir umkehren und um Verzeihung bitten sollten.

Er hat mich herumgekriegt.

Das tut mir heute noch leid.“

EIN DOKTOR WOLLT' ICH WERDEN

An unserem dritten Arbeitstag sieht sie schlecht aus. Sie liegt angekleidet auf dem Bett. Das Gesicht ist weiß und spitz.

„Ich war eine Stunde auf. Das hat mich angestrengt."

Trotz meines Protestes steht sie noch einmal auf und holt zwei Zeitungen aus den großen Stapeln von Akten, Umschlägen und Ordnern. Sie zeigt mir zwei Bilder. „Das bin ich vor meiner Verschleppung nach Rußland im Jahr 1948."

Das feine Gesicht einer jungen Frau mit übergroßen dunklen Augen unter schönen Brauen, mit klarer Stirn. Ein verletzliches Gesicht. Jugendbilder von Bartók fallen mir ein.

„Und das bin ich nach meiner Rückkehr aus Rußland nach Wien im Jahr 1955."

Im offenen Zugfenster das Gesicht eines jungen Bauernmädchens unter einem weißen, am Kinn gebundenen Kopftuch. Die Backenknochen scheinen ausgeprägter, das Gesicht wirkt slawischer. Die Augen sehen alles und nichts, sind wie hinter Milchglas, können diese neue Wirklichkeit nach sieben Jahren anderer Wirklichkeit nicht fassen. (‚Ich hab' es getragen sieben Jahr . . .')

„Die Steppe, das möcht' ich noch einmal sehen. Nichts auf der Welt ist der Steppe gleich."

Sie steht mitten im Zimmer und sieht zum Fenster hinaus. Aber es sind nicht die Berge, die sie sieht.

„Die Steppe, das ist das Schönste, was es auf der Erde gibt. Das Meer ist auch schön, aber es macht ein Geräusch. Die Steppe kann so still sein, daß man sie hört. Das Gras ist im Sommer so hoch, daß ein Reiter darin verschwindet. Der Himmel darüber ist riesig und ganz nahe zugleich. Die Steppe ist der einzige Platz, an dem man sich Ewigkeit vorstellen kann."

„Frau Dr. Ottillinger, Sie sind eine Schwindlerin."

Sie fährt zusammen, hält sich am Fußende des Bettes fest, sieht mich entsetzt an.

„Manchmal sagen Sie etwas, das ist so schön, daß kein Dichter es anders sagen könnte. Und Sie behaupten, nicht schreiben zu können."

Sie nimmt mir meine Grobheit nicht übel, versucht zu lächeln. Der Schreck sitzt ihr noch in den Gliedern. Sie legt sich wieder ins Bett und zieht die Decke bis zum Kinn.

„Ich kann es wirklich nicht. Sobald ich es versuche, werden es lange Sätze, die nicht gut sind."

„Und ich muß mir Ihre schönen Sätze wörtlich merken."

„Das ist Ihr Problem."

Ich atme auf. Sie hat ihren gewohnten Ton wiedergefunden.

Ich lese ihr täglich vor, was ich geschrieben habe, damit sie schon jetzt Gelegenheit hat, Einspruch zu erheben. Ich habe lange überlegt, ob das Vorlesen ihre Unbefangenheit zerstören könnte, aber an dieser Frau ist nichts zu zerstören.

Man hat ihrer Kraft alle Knochen gebrochen, aber nicht das Rückgrat.

Als ich fertig gelesen habe, sagt sie: „Ich finde, Sie sind entsetzlich fleißig."

„Sie auch."

„Danke." Sie nickt mir zu.

Sie hat recht. Von zwölf Stunden am Tag und zwölf Stunden in der Nacht arbeite ich vierundzwanzig, auch wenn ich nur sechs oder acht Stunden am Tag schreibe und die Hälfte wieder durchstreiche, weil es immer noch nicht einfach genug ist.

Das Entscheidende ist, was dem Schreiben vorausgeht. Die vielen eng bekritzelten Zettel, die am Morgen auf dem Nachttisch liegen, beweisen es.

Während MO erzählt, sehe ich sie an.

Wer ist sie?

Ich weiß es im Grunde vom ersten Augenblick an. Ich weiß es wie der Fuchs in „Der Kleine Prinz": „On ne voit bien qu'avec le coeur. L'essentiel est invisible pour les yeux."*) Auch das andere fällt mir

*) „Man sieht nur mit dem Herzen gut. Das Wesentliche ist für die Augen unsichtbar."

19

ein und bedrückt mich: „Tu deviens responsable pour toujours de ce que tu as apprivoisé."**)

Ich schiebe den Gedanken beiseite.

Manchmal ist sie von jener Ernsthaftigkeit, die Kinder haben. Und Kinder gehören zu den wenigen Menschen, die ich ernst nehme.

Manchmal ist sie von einer Naivität, die Reminiszenzen an ein Jugendstilgemälde in rosa Scheinwerferlicht hervorruft. Wer darauf hereinfällt, kann in Sekundenschnelle einen Schwenk erleben, der ihm schreckhaft in die Glieder fährt: graues Licht und schwarze Schatten in einer Landschaft von Edvard Munch. Nur mit dieser Naivität ausgestattet, wäre sie kindisch. Nur mit dieser Melancholie ausgestattet, wäre sie längst in Gewahrsam. Beides miteinander verzahnt, macht sie lebensfähig, ergibt diese ungeheure Spannkraft, die bis jetzt allen Belastungen gewachsen ist. Zwischen den beiden Polen Naivität und Melancholie pulsieren alle Schattierungen von Charaktereigenschaften: Humor, Derbheit, Ironie, Sarkasmus, Sentimentalität; von Klugheit und Güte zu schweigen.

„Wenn ich traurig bin, singe ich russische Lieder."

„Sind Sie traurig?"

„Nein."

„Möchten Sie nicht trotzdem singen? Gibt es ein Lied, das Sie besonders gern haben?"

„Oh, ja. ‚Das silberne Glöckchen'. Es ist das Lied der Gefangenen."

„Sie sprechen Russisch?"

„Ja, natürlich."

„Gut?"

Sie lächelt nachsichtig: „Ich hatte sieben Jahre Zeit, es zu lernen."

Sie fängt an zu singen. Sie hat einen klaren, sicher geführten Sopran. Die Stimme ist durch die Krankheit geschwächt, bricht mitunter, aber sie singt unbeirrt zu Ende.

„Übersetzen Sie mir das bitte."

„Da werden Sie nicht viel Freude haben."

„Trotzdem."

**) „Du bist zeitlebens für das verantwortlich, was du dir vertraut gemacht hast" (Antoine de Saint-Exupéry: „Der kleine Prinz").

20

Es ist wirklich noch schauerlicher, als ich befürchtet habe, wie da „aus dem längst erkalteten Herzen gar heiß die Sehnsucht hervorbricht" und wie „das Auge sich feuchtet, das so lang keine Träne geweint."

„Es fehlt eigentlich nur noch ‚Oh, Heimat mein, wie schön bist du‘ und ‚die Rasenbank am Elterngrab‘ ".

Sie zuckt die Schultern.

„Ich hab's Ihnen ja gesagt. Machen Sie halt eine bessere Übersetzung."

„Ich will's versuchen," verspreche ich, „und überhaupt – wie heißt es in der Schule: Wo waren wir doch gestern stehengeblieben?"

„Mit sieben Jahren wurde ich sehr krank. Immer Fieber. Das habe ich mir in der Nacht geholt, als unser Haus abbrannte und ich im Nachthemd mit bloßen Füßen im Schnee stand. Ich kam in eine Kinderklinik in Wien, wo wir viel liegen und viel essen mußten und nur zweimal am Tag für eine vorgeschriebene, ganz kurze Zeit aufs Klo durften. Ob diese merkwürdige Therapie darauf abzielte, von den kostbaren angegessenen Kilos so wenig wie möglich wieder herzugeben, weiß ich nicht. Jedenfalls hätte ich viel darum gegeben, wenn ich mich nur einmal in aller Ruhe an jenem stillen Ort hätte niederlassen können. Außerdem zehrte das Heimweh mehr an mir als das Fieber.

Eines Tages erfand ich Bauchweh.

Die Diagnose lautete: Blinddarmentzündung.

Ich war selig, denn ich kam weg aus der Kinderklinik, zu lauter Erwachsenen, die mich nach Kräften verwöhnten. Meinen gesunden Blinddarm gab ich gern dafür her. Leider hatte ich nicht daran gedacht, daß man sich von solchen Operationen schnell wieder erholt. Ich wurde wieder in die Kinderklinik gebracht und sann verzweifelt auf einen Ausweg. In einem günstigen Augenblick entwischte ich in den Hof und auf die Straße – in Spitalkleidung.

Weil meine Mutter gesagt hatte, ein Wachmann weiß alles, wandte ich mich an einen Wachmann.

Ich sagte: ‚Bitt' schön, Herr Wachmann, ich bin die Gretel Ottillinger aus Steinbach und möchte heim. Zeigen S' mir doch den Weg.‘

Der Wachmann sah mich sehr erstaunt an und sagte: ‚Das geht nicht so leicht. Du kommst doch aus der Klinik. Da muß ich dich schon zurückbringen.'

Ich war todunglücklich. Am gleichen Tag kam die Mutter zu Besuch. Als sie von meinem Abenteuer erfuhr, hat sie mich mit Erlaubnis des Arztes mit heimgenommen. In kurzer Zeit war ich wieder gesund und konnte in die dritte Volksschulklasse aufsteigen. Ich hatte zwar ein Jahr versäumt, aber man hat mir angerechnet, daß ich schon mit fünf Jahren in die Schule gegangen bin.

Ein Doktor wollt' ich werden.

‚Ja', haben die Bauern mich ausgespottet, ‚ein Doktor der Waschtrog-Philosophie wirst werden.'

Damals wurde ja bei uns daheim noch alles im Waschtrog und am Waschbrett gewaschen.

Wartet nur, hab' ich gedacht, euch werd' ich's zeigen.''

,,Warum wollten Sie denn durchaus ein Doktor werden? Hatten Sie Vorbilder? Sie müssen doch, um diesen Wunsch überhaupt entwickeln zu können, einen Doktor gekannt haben.''

,,Oh, ja, zwei: unseren Hausarzt, den Dr. Bernauer, den hab' ich gern gemocht, weil er immer gut zu mir war. Und den Dr. Spinnecker aus Mauerbach. Der hat mir einmal zwei Watschen gegeben, als die Mutter mich zu ihm brachte, weil ich beim Spielen verunglückt war, und hat die Mutter gefragt: ‚Was hat's denn wieder angestellt, das Mistmensch?' Und dann hat er mich kuriert.

Beides, die Ohrfeigen und das Kurieren, das hat mir imponiert.''

,,Ich verstehe . . .''

,,Ein Doktor also hab' ich werden wollen. Wie wird man das, wenn man aus einem Dorf mit zehn Häusern kommt, wovon noch dazu zwei Wirtshäuser waren? Das eine war der ‚Steinböck', der hatte ein Schild über der Kellertür: ‚Es trinkt der Mensch, es säuft das Pferd, in Steinbach ist es umgekehrt'.

Der ‚Steinböck' steht nimmer. Aber den Kreuzl-Wirt gibt es noch.

Ja – wie wird man von Steinbach aus ein Doktor?

Meine Mutter fuhr mit mir nach Hütteldorf.

Ich wollte dort die vierte Volksschulklasse absolvieren. Der Direktor lehnte ab.

‚Ein Kind vom Land. Sie würde nicht mitkommen bei uns.‘

Wir fuhren wieder heim.

Ich bat die Mutter so lange, noch einmal mit mir zu fahren, bis sie nachgab.

‚Aber diesmal laß mich reden.‘

Wir fuhren zum zweiten Mal mit dem Bus nach Hütteldorf.

‚Schauen S’, Herr Direktor‘, hab’ ich gesagt, und zwar im schönsten Dialekt, ‚ich muß ein Doktor werden. Das geht nur, wenn S’ mich aufnehmen. Ich will so viel lernen. Bitt’ schön, nehmen S’ mich auf.‘

Da hat er mich aufgenommen.

Von diesem Tag an wußte ich, daß ich alles, was ich durchsetzen wollte, allein durchsetzen mußte.

Nach einem Jahr bestand ich die Aufnahmsprüfung an der Bundeserziehungsanstalt für Mädchen, Wien III, in der Boerhaavegasse. Es war eine weltliche Schule, die mit der Matura abschloß. Eine sehr strenge Schule übrigens. Eine Klasse wiederholen, das gab’s nicht. Wer es nicht schaffte, mußte ausscheiden.

Die Mathematik hab’ ich gehaßt. Aber die Aufgabe in der Aufnahmeprüfung hab’ ich gelöst. Ich hab’ auf sehr komplizierte Weise den Preis für ein Gulasch ausrechnen müssen. Ich höre das Gelächter heute noch, als ich mich über diesen schamlosen Preis entrüstete und den Professor einlud, nach Steinbach zu kommen: beim ‚Steinböck‘ bekäme er’s gut und billiger.

Alle Namen derjenigen Anwärterinnen, die mit ‚sehr gut‘ bestanden hatten, wurden in eine Urne geworfen. Es waren Hunderte von Kindern aus ganz Österreich, und nur fünfunddreißig konnten aufgenommen werden. Ein Kind zog die Lose. Mein Name war dabei.

Wochen vergingen, in denen wir nichts aus Wien hörten. Dann kam ein Bescheid, daß wir uns in drei Wochen in der Schule einzufinden hätten. Eine Liste für die ‚Aussteuer‘ würde uns noch zugehen.

Meine Nummer im Internat war 615.

Als ich in russische Gefangenschaft kam, war meine Gefangenennummer 615.

Die ganze Familie stickte diese Nummer in Handtücher, Taschentücher und Wäschestücke, während ich verrückt war vor Freude . . . und Heimweh, jetzt schon.

Dann kam der Tag, an dem mich Vater und Mutter nach Wien brachten. Ich wurde im Internat ‚abgenommen‘.

Dann war ich allein.

Ich bestaunte die anderen Mädchen. Wie die angezogen waren, so etwas hatte ich noch nie gesehen.

Im vierten Stock waren zwei Schlafsäle, ein Zimmer für die Erzieherin, ein Waschkabinett und Duschen und Spinde wie bei den Soldaten.

Ich räumte meine Sachen ein. Meine Kleider hab' ich nicht oft gebraucht. Wir durften sie nur anziehen, wenn wir Ausgang hatten. Sonst trugen wir Uniform: dunkelblaue Kleider mit weißem Bubikragen, dunkelblaue Mäntel und Mützen im Winter, im Sommer hellblaue Kleider. Und zu allen Jahres- und Tageszeiten große schwarze Mantelschürzen, um die Kleider zu schonen.

Wir sahen sehr gleichförmig aus.

Als ich ankam, führte die Erzieherin mich in den großen Schlafsaal. Ich durfte mir mein Bett aussuchen und wählte eins an der Wand. Von Kind an bis heute hab' ich mir immer Betten, Tische, Stühle, Plätze, ausgesucht, an denen ich, wenn schon alle einsehen konnten, wenigstens von einer Seite geschützt war. Lauter Vorspiele zum Drama.

An dem Bett in der Ecke hatte ich einen Rückhalt. Früher hatten Kadetten in dem Haus gewohnt. Als ich die Schublade des Nachtkastels aufzog, las ich den Namen meines Vorgängers, den er mit einem Messer ins Holz geritzt hatte. Krautwaschl hat er geheißen.‘‘

Als ich mich verabschiede, werfe ich einen Blick auf die Stapel von Akten, Umschlägen und Ordnern.

,,Werden Sie denn zum Arbeiten kommen hier?‘‘

,,Wieso ich? Das ist alles Material für Sie, das ich Ihnen mitgebracht habe. Bilder, Zeitungsartikel, Aufsätze, Vorträge.‘‘

Ich setze mich noch einmal und lasse mich auslachen.

,,Und wie soll ich das nach Haus schleppen?‘‘

,,Ganz einfach. Ich nehme Sie im Auto mit, wenn ich heimfahre, und liefere Sie vor dem Haus ab. Einverstanden?‘‘

„Einverstanden."

Ich werfe noch einen Blick auf das Aktengebirge und beschließe: keine Zeile davon, bevor sie mir nicht alles erzählt hat, was sie erzählen will.

Man soll sich nicht mit einem Blick auf Akten verabschieden, wenn man es mit einem lebendigen Menschen zu tun hat. Ich bin bestürzt, als ich MO ansehe. Sie sieht um Jahre jünger aus: frisch und gespannt.

„SIE MIT IHREM GOTT . . ."

MO hat mir ein Bild herausgesucht. Ein Foto des Bronzemodells der „Kirche zur Heiligsten Dreifaltigkeit" von Fritz Wotruba.

„Das schenke ich Ihnen."

Noch auf dem kleinen Foto ist die Kirche eine Attacke auf den Beschauer: Babylon, Theben, der Berg Athos, die Osterinseln, die Zisterzienser und Musik von Bach. Ich entdecke menschliche Figuren in den Blöcken.

„Tagelang hab' ich mit dem Wotruba geredet, wochenlang. ‚Herr Professor', hab' ich gesagt, ‚wenn Sie nicht an Gott glauben, wird's ka Kirchn.'

‚Sie mit Ihrem Gott!' hat er mich angefahren, ‚der ist viel größer, als Sie glauben.'

Da hab' ich gelacht, weil er mit diesem Satz gesagt hat, was ich hören wollte: daß Gott für ihn existiert.

‚In meinen Träumen', hat er gesagt, ‚ist eine Vision von der Macht der Schönheit und der Kraft des Häßlichen, von der Leichtigkeit des Schwebenden und dem Gleichgewicht der schweren Massen . . . Erkenntnis, Konzentration, Einfachheit, Schönheit, Kraft und Glaube sind die Genien, denen ich vertraue, sie werden den Charakter der Arbeit, die vor mir liegt, bestimmen.'

Sehen S', das ist der Schlüssel zu dieser Kirche.

Der Wotruba war kein konfessioneller Katholik, und so einer, haben manche gemeint, könne keine Kirche bauen.

Das ist kleinlich. Gott ist überall.

Und Wotruba hat gemeint, daß der Geist der Kirche immer in Bewegung sei und daß deshalb auch ihr Äußeres nicht erstarren dürfe.

Was in ihm vorgegangen ist, dieser Sturm, dieses Chaos, das er in den Griff bekommen mußte, das wird nie ein Mensch erfahren. Denn dieses Chaos sollte ja Ordnung und Harmonie werden nach seinem Willen. Die gleiche Ordnung, die gleichen Gesetze, die gleiche Harmonie, die auch der Glaube braucht. Als ich das Modell gesehen hab', hab' ich gespürt, daß hier etwas Großes für Gott geschaffen worden ist.

Sie werden jetzt auch denken: die mit ihrem Gott. Glauben Sie ja nicht, daß das immer so war. Im Gegenteil. Meine Mutter ist fast nie in die Kirche gegangen. Die hat's mit sich abgemacht. Der Vater war kein Frömmler, aber ein Kirchgänger. Wir Kinder mußten jeden Sonntag in die Kirche. Im Sommer war das sehr vergnüglich, im Winter weniger, wenn wir über eine Stunde auf dem ausgetretenen Pfad im tiefen Schnee durch den dunklen Wald mußten. Jeden Sonntag. Da gab's nix.

Zur Christmette, das war schön. Da haben wir oft Hirsche getroffen, die zum Futterplatz gingen.

Wir Kinder saßen links vom Altar, uns gegenüber die Familie von Bach, die Patronatsherren der Kirche in Mauerbach.

Warum muß ich in die Kirche gehen, hab' ich mich gefragt.

Ich hab' aus Trotz geschwänzt und gestört. Hätte man mich gefragt, ich wäre vielleicht freiwillig gegangen. Aber man hat mich nicht gefragt.

Im Internat in Wien war's dasselbe. Täglich zur Messe, sonntags in die Kirche zur Kommunion.

Jeder hat auf jeden geschaut, daß er nichts ausließ.

An Gott geglaubt hab' ich schon. Aber die Kirche hab' ich nicht mögen.

Nach der Matura hab' ich auf die Kirche verzichtet und bin lieber in die Natur gegangen.

Alle Religionen der Welt hab' ich mir in Büchern herbeigeschleppt – von Buddha bis zu den Anthroposophen.

Aber nirgends hab' ich eine Ruhe gefunden. Alles war nichts.

Und diese süßliche Marienverehrung – also hören S' mir auf!

Ja – die acht Jahre im Internat hab' ich mich verhältnismäßig brav gehalten. Bis auf die üblichen Lausbübereien, die keine ernste Gefahr für mich waren.

Die größte Last war das Heimweh. Ich war gern im Internat, aber wenn der Vater oder die Mutter mich alle vierzehn Tage heimholten und nach meinem Besuch wieder ablieferten, hat's mich fast zerrissen vor Kummer. Die Mutter hat das mitansehen können. Der Vater nicht. Eines Tages hat er's nicht mehr ausgehalten. ,So geht das nicht', hat er zur Mutter gesagt, ‚wir nehmen das Kind heraus.'

Meine Mutter sagte zunächst gar nichts. Dann sah sie uns beide an und stützte die Hände in die Hüften. Ich seh' sie heute noch, wie sie tief Luft holt: ‚Ich sag' dir was', hat sie zu mir gesagt, ‚du wirst nicht herausgenommen. Du wirst dort bleiben und dich anständig aufführen und alles lernen, was es zu lernen gibt. Und wenn du das nicht tust, dann geb' ich dich ins Hotel Sacher zum Tellerwaschen.'

Das saß.

An diesem Tag ging ich ohne Tränen ins Internat zurück."

„Ihre Mutter war eine kluge Frau."

„Ja – weil sie gewußt hat, daß ich nicht gern Teller wasch'."

Gedankensprung.

„Wissen Sie eigentlich, wie schwer ich leb'?"

„Ich glaube, ich weiß es."

„Was wissen Sie?"

„Ihre Gegensätzlichkeit. Einerseits eine Mimose, andererseits ein Berserker . . . weibliche Empfindsamkeit und männlicher Intellekt . . ."

„Mein drittes Leben nicht zu vergessen: meine Träume. Alles das muß ich koordinieren, um überleben zu können. Täglich gilt es, dieses Spannungsfeld zu überwinden. Manche sagen, der Körper verderbe die Seele. Bei mir macht die Seele den Körper krank, weil er diesen Spannungen nicht gewachsen ist. Deshalb kämpfe ich so erbittert um meine Gesundheit."

„Wie erbittert?"

„Ich hatte vor ein paar Jahren eine schwere Operation. Das war im Frühjahr. Im Herbst darauf hab' ich eine Bergtour gemacht. Ich bin an einen Geröllhang gekommen mit Schnee und Eis. Ich hab' ihn angeschaut und mich auf die Probe gestellt: Bringst du es zuwege, dann taugst du noch was!

Zentimeterweis' hab' ich mich hinaufgekämpft. Für jedes Stückerl hab' ich mir einen Stand aus dem Eis schlagen müssen. Dazwischen gab es Pausen, weil ich vor Zittern und Schwäche nicht weiterkonnte. Der Schweiß ist mir heruntergeronnen. In den Abgrund hab' ich nicht zu schauen gewagt. Nach zwei Stunden hatt' ich's geschafft. Was ich nicht gewußt hab', war, daß sich am gleichen Hang zwei Tage vorher einer zu Tode gestürzt hat.

Das ist nur ein Beispiel. Ein Gleichnis, wenn Sie wollen: Ich muß mir alles bitter erkaufen. Wenn ich es will, schaffe ich es. Aber man muß ja auch wollen k ö n n e n .

Man wird älter. Der Körper leistet nicht mehr soviel. Aber innen ist alles von dem gleichen Ungestüm."

„Geben Sie sich ein wenig nach!"

Und ich sage ihr das chinesische Sprichwort, das ich liebe, weil ich es erfahren habe: „Alle Dinge kommen zu dem, der lange genug warten kann."

Am Abend lese ich noch in einer Bach-Monographie von Luc-André Marcel, ro-ro-ro. Da steht auf Seite 9: „Seiner Natur nach der freieste der Menschen, bewies er sich mit größtem Eifer und allem Nachdruck, daß er unbedingt an den religiösen und sittlichen Gesetzen festhalten müsse, die er von seinen Vorfahren ererbt hatte."

Das erinnert mich an MO.

VERHAFTUNG AUF DER ENNSBRÜCKE

MO – diese Kurzformel ist kein Zufall.

Einmal sind es die beiden Anfangsbuchstaben ihres Namens.

Zweitens gibt es ein Kinderbuch, in dem ein kleines Mädchen namens Momo den Erwachsenen die gestohlene Zeit zurückgibt. Sie tut es, indem sie den Erwachsenen zuhört, „Zeit für sie hat". (Wenn man es genau betrachtet, ist es kein Kinderbuch, weil Kinder noch keinen Zeitbegriff haben, also auch nicht den der gestohlenen Zeit.)

In unserem Fall ist es umgekehrt. MO erzählt, ich höre zu. Ist eine Frau, der man sieben Jahre ihres Lebens gestohlen hat, noch imstande, einem Zuhörer Zeit zu schenken?

So unwahrscheinlich das klingt: sie kann es. So minuziös sie ihre Zeit einteilt, so geplant ihr Arbeitstag ist (man sehe sich nur einmal ihren Wirkungskreis und ihren Terminkalender an), so wenig scheint Zeit für sie eine Rolle zu spielen, wenn sie erzählt.

Die Uhr hat nichts zu sagen. Ich habe ohnehin keine, sie beachtet die Armbanduhr nicht. Wir sind jeden Tag aufs neue überrascht, wenn die Schwester das Abendessen bringt: 18 Uhr. Zwei Stunden sind um. Und wir haben eben erst angefangen.

Unser fünftes Gespräch wird zu einer unerwarteten Zerreißprobe.

„Ich hab' das alles gewußt: daß etwas Schreckliches auf mich zukam.

Aber ich hab' nicht gewußt, was ich gewußt hab'. Ich hab' auch nicht fliehen können, weil ich nicht wußte, wovor und wohin.

Daheim in Steinbach ging eine Frau bei uns aus und ein. Die hat mehr gesehen als andere. Eines Tages sagt sie zu meiner Mutter: ‚Ich sehe ein Kreuz ohne Korpus über Ihrem Haus. Und ich sehe Ihre Tochter mit einem weißen und einem schwarzen Engel zur Seite. Der weiße Engel sagt: Erspar' ihr das. Sie wird auch so den rechten Weg finden. Der schwarze Engel sagt: Ich kann ihr nicht helfen.'

Meine Mutter war so entsetzt, daß die Frau unser Haus nicht mehr betreten durfte.

An einem Freitag, dem 5. November 1948, wurde ich verhaftet. Ich weiß heute, daß ich denunziert worden bin. Es war Neid auf die einflußreiche Position, die ich damals als junger Mensch schon hatte."

„Kennen Sie Ihre Denunzianten?"

„Ja. Sie leben nicht mehr. Sie hatten einen bösen Tod."

„Hat Sie niemand gewarnt?"

„Doch. Am meisten habe ich mich selbst gewarnt. Aber ich hab's Ihnen ja schon gesagt: ich wußte nicht, wovor. Meine Träume in den letzten zehn Tagen vor meiner Verhaftung waren deutlich genug. Ich will Ihnen nur drei erzählen.

Der schrecklichste Traum war der mit dem Pferd. Ein Pferd stand vor mir mit einem menschlichen Gesicht. Seine Beine waren zu einem weichen O gebogen. Auf diesen O-Beinen schaukelte es vor mir hin und her und sah mich an. Vor meinen Augen verwandelte es sich in einen Soldaten.

Ich bin vor Grauen aufgewacht.

Ich war bei einer Besichtigung der Stahlindustrie in Ternitz.

Es waren auch Russen dabei. Einem läuft eine kleine Katze über den Weg. Er packt sie und wirft sie mir zu. Die Katze ist an mir gehangen wie eine Klette. Die Mutter hat sie erst nicht gewollt, denn wir hatten in Steinbach schon eine Katze und einen Hund. Aber das war keine Frage des Wollens. Wir hätten die Katze nicht weggebracht. Sie war am Morgen die erste, die mich weckte, und am Abend die erste, die mich begrüßte, wenn ich heimkam.

Sechs Wochen vor meiner Verhaftung bekam die Katze am ganzen Körper dicke Knoten. Der Tierarzt stand vor einem Rätsel. Die Knoten vergingen von selbst wieder.

Als ich am Morgen des 5. November aus dem Haus wollte, gebärdete die Katze sich wie rasend. Sie warf sich vor die Tür, wollte mich nicht hinauslassen, sie biß und krallte sich in meinen Strümpfen fest, zerfetzte sie. Meine Mutter schleppte die Katze weg. Ich zog neue Strümpfe an und fuhr zur Arbeit.

Über meine Verhaftung auf der Ennsbrücke ist viel geschrieben worden. Die Fakten sind schnell erzählt. Wenn man es erzählt, klingt alles ganz einfach.

Der damalige Minister für Vermögenssicherung und Wirtschaftsplanung und ich waren in die Amerikanische Zone gefahren, wo Bundeskanzler Figl gesprochen hatte. Bei der Heimfahrt waren wir ausgestiegen. Ich sehe mich heute noch, wie ich die Landschaft betrachte und mich langsam umdrehe. Es war ein strahlend heller Novembertag, aber ich sah die Ennsbrücke in einer schwarzen Wolke. Ich wußte: dort wartet das Unheil. Ich wußte auch: Wenn ich in eine Kirche geh', werd' ich wissen, welches Unheil. Ich hatte die Hand schon an der Kirchentür und bin doch nicht hineingegangen.

Als wir über die Brücke fuhren und uns dem Schlagbaum der Russen näherten, mußten wir noch einmal halten, um unsere Papiere zu zeigen. Der russische Soldat betrachtete eine Identitätskarte auffallend lange und gründlich. Als er sie zurückgab, sah ich, daß es meine war. Ich wurde von einer heftigen Unruhe und Angst ergriffen. Jedermann wußte, daß in den letzten Wochen zwei Beamte aus verschiedenen Ministerien von den Russen verschleppt und spurlos verschwunden waren. Der Soldat hob aber die Hand, zum Zeichen, daß wir passieren durften. Als der Wagen an den Schlagbaum kam, öffnete er sich nicht. Jetzt ging alles blitzschnell. Der Russe riß den Wagenschlag auf und sprang neben den Chauffeur. Ich packte den Russen an den Schultern und schrie: ,,Den Rückwärtsgang!" Es war zu spät. Der Russe riß den Schalthebel nach vorn. Ich wollte aus dem Wagen springen, aber er rollte schon durch den geöffneten Schlagbaum. Wir waren auf russischem Territorium.

Den Minister haben sie nach einer Viertelstunde wieder freigelassen. Mich nicht.

In St. Valentin war ich nur eine Nacht. Dann wurde ich auf Umwegen nach Baden bei Wien in das russische Staatsgefängnis gebracht. Die Leibesvisitation hat ein Mann gemacht.

Wertgegenstände und Papiere hat man mir gleich weggenommen, die Unterwäsche erst nach meinem Selbstmordversuch."

,,Durften Sie das?"

,,Nein, natürlich nicht. Ich bin tagelang herumgelaufen, immer wieder zum Fenster. Wenn ich den Himmel gesehen hab', war's aus. Dann konnt' ich's nicht tun. Aber sie haben mich so mürbe gemacht mit ihrem Karzer."

,,Wie sieht der Karzer aus?"

„Ein kleines Verlies, in dem man gebückt stehen muß. Zu eng zum Umfallen, zu niedrig zum Aufrichten, sehr geeignet, einen Menschen verrückt zu machen. Die Knie zitterten, die Beine schwollen an. Wenn man vor Erschöpfung zusammensackte, haben sie einen herausgezerrt, mit kaltem Wasser übergossen und wieder hineingestellt. Eines Tages konnte ich nicht mehr.

Da hab' ich mich mit einer Schnur meiner Unterwäsche am Fenster aufgehängt. Ich hab' das Bewußtsein verloren. Als ich wieder aufwachte, waren lauter Uniformierte um mich, die mich wegschleiften. Die Schläge waren nicht das Schlimmste. Sie haben gewußt, womit sie mich noch härter strafen konnten. Ich durfte mich nicht waschen, nicht kämmen, alles haben sie mir weggenommen. Nichts habe ich bekommen, kein Handtuch, keine Seife, keine Watte. Was an mir herunterlief, lief an mir herunter.

Dazu kam ein Mann zur Bewachung im gleichen Raum. Sie wollten mich zwingen, in diesem Raum auch meine Notdurft zu verrichten. Da hab' ich mich geweigert. Ich stank genug. Wenn ich hinausmußte, ist der Wärter mit mir zu einem Abtritt gegangen. Die Tür hab' ich nur anlehnen dürfen, und solange ich drinnen war, hab' ich immer ,ja, ja' sagen müssen, zum Zeichen, daß ich noch da war.

Zweieinhalb Monate hab' ich mich nicht waschen dürfen.''

„Haben Sie zu essen bekommen?''

„Ja. Das Essen war nicht schlecht. Aber sie haben es siedendheiß gebracht und nach fünf Minuten wieder abgeholt. Da ist vieles wieder hinausgegangen, weil ich es so heiß nicht essen konnte.

Ich bin in dem Verlies herumgelaufen wie ein Tier. Meine Schuhe hab' ich in zwei Monaten durchgelaufen. Es war mir verboten zu weinen. Wenn ich weinte, bekam ich Karzer. Da hab' ich gelacht. Ich hab' laut gelacht. Einmal schien mein Wärter Mitleid mit mir zu haben. Er bedeutete mir durch Zeichen, daß ich weinen durfte, und zeigte mir auf der Uhr die Zeit an, wie lange ich weinen durfte: eine halbe Stunde.

Da hab' ich nach Zeit geweint.

In den Verhören bekamen sie nichts aus mir heraus. Es waren drei Anklagepunkte. Erstens: Hilfe zum Vaterlandsverrat; zweitens: Wirtschaftsspionage für die Amerikaner; drittens: Zugehörigkeit zur Weltbourgeoisie – ein Gummiparagraph, der dann zitiert wurde, wenn gar nichts Konkretes vorlag.

Ich habe mich nie schuldig bekannt. Es hat sich auch später herausgestellt, daß ich in keinem der Anklagepunkte schuldig war.

Ein Justizirrtum.

‚Warum kämpfen Sie denn so hartnäckig?‘ hat mich der Untersuchungsrichter in Rußland gefragt, als ich wieder einmal ein Protokoll nicht unterschrieben habe, ‚Sie haben ja gar keine Freunde in Österreich. Sie haben nur Feinde. Über Ihre Feinde können Sie ruhig sprechen.‘

Ich sagte nichts.

Wie recht er gehabt hat, das hab’ ich erst erfahren, als ich nach sieben Jahren Gefangenschaft wieder nach Österreich zurückkam, schwer kriegsbeschädigt.

Um sich bei den Russen nicht verdächtig zu machen, wollte mir keiner eine Stelle geben. Im Ministerium schon gar nicht. Nur eine Stelle als Außenstellenleiter in Hongkong, Bukarest oder Sofia hat man mir angeboten. ‚Ich komme ja aus dem Gefängnis. Wieso denn dorthin?‘ Da hat einer gesagt: ‚Na, wenn Sie wieder verhaftet und verschleppt werden sollten – Sie sind’s ja schon gewöhnt.‘

Ein anderer, dem ich vor meiner Verhaftung bei seinem meteorhaften Aufstieg die Steigbügel gehalten habe, hat gesagt: ‚Was denken Sie? Ich bin doch keine Stellenvermittlung.‘

Zuerst war ich in St. Valentin eingesperrt. Dann in Baden und dann in Neunkirchen im russischen Gefängnis. Der Aufzug, in dem ich Baden verließ, war der verwirklichte Traum vor meiner Verhaftung. Genau so, wie ich mich in dem Spiegel gesehen hatte, sah ich aus: mit dem langen hellen Mantel, den braunen Schuhen und den beiden Zöpfen, die ich mit herausgezogenen Mantelfäden gebunden hatte. In der Hand trug ich den kleinen Koffer, den sie von zu Hause geholt hatten.

Einmal, als ich von einem Verhör wieder in meine Zelle gebracht wurde, war die Zelle rund.

Ich bin wie eine Wahnsinnige an den Wänden entlanggelaufen und hab’ sie abgetastet und die Ecken gesucht. Die Zelle war rund.

Da hab’ ich gebetet und versprochen, daß ich alles aushalten will, wenn ich nur meinen Verstand behalte. Dann hab' ich ein Kreuz in die Wand geritzt und hab' gewußt, daß ich die Zeit einteilen muß. Durch Markierungen an der Wand, durch Turnübungen.

Da war die Zelle wieder viereckig. Die Markierungen haben mir nichts genützt. Die wurden gleich wieder übertüncht. Aber die Turnübungen haben sie mir nicht verboten. Nach zweieinhalb Monaten hab' ich mich wieder waschen dürfen. Sie haben mich in einen Keller geführt. Da saß eine alte Russin neben einer Wanne voll Wasser. Ich hab' nicht nur mich, sondern auch meine Kleider waschen dürfen. Getrocknet hab' ich sie am Leib, denn ich hatte ja nur diese Kleider."

MO erzählt nicht emphatisch. Das klingt so nüchtern wie ein Zeitungsbericht.

Am Abend dieses Tages bin ich erschöpft. Worauf habe ich mich da eingelassen?

Man steigt nicht ungestraft in das Schicksal eines anderen Menschen ein wie in ein Auto.

Für den Rückwärtsgang ist es längst zu spät.

Es gibt nur noch die Flucht nach vorn.

VERURTEILT ZU FÜNFUNDZWANZIG JAHREN ZWANGSARBEIT

„Jeder Mensch ist bestechlich. Es kommt nur auf den Preis an", heißt eine resigniert-pessimistische Behauptung.

MO ist unbestechlich. Man sieht es an den sogenannten Kleinigkeiten, mit denen alles anfängt.

Ihre Aufmerksamkeit, mit der sie zuhört, wenn ich ihr vorlese, ist fast körperlich spürbar.

Sie unterbricht sofort.

„Falsch: Es war kein dunkler, es war ein heller Mantel." Und: „Sie haben das Handkofferl vergessen. Erst hat man mir alles weggenommen. In St. Valentin haben sie mir von daheim das Handkofferl geholt. Da waren Seife und eine Zahnbürste und alles drin, was man so braucht. Ich hab' später sogar einkaufen dürfen. Nicht selber natürlich. Ein Russe hat für den Geldbetrag, der mir bei meiner Verhaftung abgenommen wurde, eingekauft. Zwei Kleider und Wäsche. Für den Rest hab' ich eine Babyausstattung bestellt, denn ich war in der Zelle mit zwei Russinnen, wovon die eine hochschwanger war.

Wie die sich gefreut hat, als sie das Paket auf ihrer Pritsche gefunden hat.

Woran ich nicht gedacht hab', war eine Decke. Eine Decke, das ist das Wichtigste, was man auf Transporten und in der Gefangenschaft braucht.

Das wußte ich nicht. Aber ich hab' immer eine Decke gehabt. Oft hat man mir eine geborgt. Und einmal hat eine Frau, eine Ukrainerin, eine große warme Decke in der Mitte zerteilt und hat mir die Hälfte geschenkt. Maria hat sie geheißen.

Die eine Russin in meiner Zelle, nicht die mit dem Kind, sprach überhaupt sehr gut deutsch und forderte mich immer auf, zu erzählen. Ich hab' erst später erfahren, daß sie ein Spitzel war. Aber ich hab' nie etwas erzählt. Was hätte ich denn erzählen sollen?

An einem Sonntag im Mai wurde ich verurteilt. Es war ein Tag wie in einem Bilderbuch. Durch das Fenster unserer Zelle konnte man in einen Park sehen. Die Bäume blühten weiß und rosa, junge Frauen führten ihre Kinder spazieren.

Auf einmal geht die Luke in der Zellentür auf. ‚Zum Verhör.‘

Aber es war kein Verhör. Sie haben mich in einen Keller geführt. Da waren ein paar Offiziere. Der Dolmetscher hat vorgelesen. Es war übrigens der Gefängnisfriseur.

‚Sie sind verurteilt zu fünfundzwanzig Jahren Zwangsarbeit, zu jeder Arbeit einzusetzen, auch wenn es Sie das Leben kostet. Sie können Ihre Lage verbessern, wenn Sie alles erzählen.‘

Ich habe nichts erzählt, weil es nichts zu erzählen gab. Sie haben mich in die Zelle zurückgeführt. Ich bin auf meiner Pritsche gelegen und hab' gedacht: fünfundzwanzig Jahre. Das hältst du nicht aus. Und dann kam das mit den Waldhörnern, die plötzlich draußen zu spielen anfingen. Sie spielten ‚Aus der Jugendzeit‘ und ‚Wenn Menschen auseinandergehn‘, ein Grablied.“

„Das geht nicht“, sage ich entschieden.

„Was geht nicht?“

„Das mit der ‚Jugendzeit‘ und dem Grablied. Das nimmt uns kein Mensch ab. Wir machen uns lächerlich.“

„Wollen Sie die Wahrheit schreiben?“

„Ja.“

„Dann schreiben Sie, daß es so war. Ich verbürge mich für die Wahrheit. Denken Sie von mir, was Sie wollen, nennen Sie mich verkitscht: In diesem Augenblick ist etwas in mir zerbrochen. Ich habe die Jugend abgestreift wie ein Kleid, aus dem man herausgewachsen ist. Ich habe beschlossen, nur noch an den Weg zu denken, der vor mir lag, und alles andere, was ich bisher erlebt hatte, für einen Traum zu halten. Ich wußte, was vor mir lag. Keiner kam aus Neunkirchen weg, der nicht verurteilt worden war.

Ich war verurteilt worden.

Zu fünfundzwanzig Jahren Zwangsarbeit.

Wir wurden in Lastwagen geladen. Durch die Spalten konnte man sehen, daß in den Fenstern der Straßen, durch die wir fuhren, Kerzen brannten und daß die Menschen sich bekreuzigten.“

„Mehr hat man nicht für Sie tun können?“ frage ich erbittert.

„Nein. Das heißt, versucht hat man es schon, aber es war alles vergeblich. Noch im November 1948 wurde von der österreichischen Regierung und dem Alliierten Rat festgestellt, daß eine Pflichterfüllung im Dienst der österreichischen Interessen niemals als Spionage ausgelegt werden könne. Dieser Protest blieb genauso ergebnislos wie die Forderung, den ,Fall Ottillinger' einem internationalen Forum zu übergeben. Die Sowjetagentur TASS verbreitete im November 1948 die Nachricht: ,Sie hat gestanden.'

Eine Lüge.

Von den Lastwagen wurden wir in Viehwaggons verladen. Zusammengepfercht wie Vieh. Es waren noch ein paar Österreicher dabei. Die meisten waren Russen, die wegen Schädigung des Ansehens der Roten Armee verurteilt worden waren und abtransportiert wurden, um ihre Strafe zu verbüßen.

Der Transport umfaßte fünfhundert Menschen. In der Mitte des Waggons war ein Bett für den Wächter. Wir haben ihn nie ohne Maschinenpistole gesehen. In einer Ecke des Waggons war ein Loch in den Boden geschnitten zur Verrichtung der Notdurft. Uns Frauen war erlaubt, eine Decke davorzuhängen.''

Sie spricht ganz ruhig. Wenn sie Namen nennt, unterbricht sie sich: ,,Ich möchte nicht, daß diese Namen erwähnt werden. Ich will niemanden kränken, der mich gekränkt hat: Gott straft härter als die Menschen.''

Einmal bricht sie aus: ,,Ich lag in Moskau in der Lubjanka.''

,,Was ist das?''

,,Das Zentrum des russischen Geheimdienstes. Das Staatsgefängnis für politische Verbrechen. Ein großer viereckiger Gebäudekomplex, das Gefängnis inmitten. Auch ein Spital.

Ich war schwer erkrankt, an der Ruhr. Monatelang bin ich in der Lubjanka gelegen. Dann wurde ich wieder ins Lager geschickt, auf eine tagelange Reise, noch immer mit Fieber. Das war im Oktober 1951. Im Lager bin ich drei Tage in der Krankenbaracke, da schreit's: ,Ottillinger, Sachen packen, zum Verhör!'

Wieder die tagelange Fahrt durch den Winter. Wieder in die Lubjanka. Sofort zum Untersuchungsrichter.

Und dieser Unmensch, der gewußt hat, wie krank ich war, der gewußt hat, daß ich wieder ins Lager transportiert worden war, der mich nach drei Tagen wieder nach Moskau beordert hatte, fragt: ‚Nun, Ottillinger, wie geht's?'

Ich hab' getobt.

Ich hab' ihn angebrüllt, es war mir alles egal. ‚Sie Hund, Sie Blutsauger, Schuft, Mörder, machen Sie mit mir, was Sie wollen, ich werde nichts unterschreiben!'

Er hat zurückgeschrien: ‚Ich werde Sie verhören, daß Sie die Wände hinaufgehen!'

‚Sie werden die Wände hinaufgehen!' hab' ich gebrüllt, ‚töten Sie mich, bringen Sie mich doch um!' "

Sie läßt sich ins Bett zurückfallen und atmet tief.

„Wissen Sie, mir hat immer zweierlei geholfen: mein Glaube an Gott und meine Wut. Ich wußte damals noch nicht, wie sehr die Russen am Leben hängen. Daß ich den Tod nicht fürchtete, hat dem Untersuchungsrichter imponiert. Ich war nach diesem Auftritt auf alles gefaßt. Was geschah? Ich wurde in eine Zelle geführt . . . und bekam Krankenkost. Ich durfte nachts schlafen und wurde nicht verhört.

Anfang der fünfziger Jahre wurde die Todesstrafe wieder eingeführt, und sie wollten das ganze Verfahren noch einmal aufrollen, um mich zum Tod verurteilen zu können. Aber da konnte ich schon zu gut Russisch.

Jeder politische Gefangene hatte übrigens die Möglichkeit, einmal monatlich an jede Persönlichkeit des öffentlichen Lebens eine Beschwerde zu richten. Ich habe davon Gebrauch gemacht und immer wieder ein neues Schriftstück aufgesetzt – natürlich umsonst.

Wissen Sie, manchmal konnte ich die Russen sogar verstehen. Ich habe sie als große Kinder kennengelernt: naiv, gutmütig, gefühlvoll, unberechenbar und grausam – wie Kinder. Außerdem: Sie waren wirklich so überzeugt davon, es mit Verbrechern zu tun zu haben, daß man ihr Verhalten fast begreifen konnte. Solange einem Angeklagten keine Schuld nachgewiesen war, wurde er meist auch erträglich behandelt. War seine Schuld bewiesen oder meinte man, seine Schuld bewiesen zu haben, ist er, gleichgültig ob Russe oder Ausländer, oft fürchterlich zugerichtet worden, so daß ihn später die eigenen Angehörigen nicht wiedererkannt haben."

Sie sieht mich an: „Ich bin sehr müde."

„Nur noch eine Frage: Wohin kamen Sie nach Moskau?"

„Nach Potma. Ins Zentralkrankenlager, dann in die Invalidenbaracke. Nachts brannte immer eine Lampe, die Scharen von Mücken anzog. Am Morgen sahen wir aus, als hätten wir die Beulenpest."

Gedankensprung.

„Das ist alles so lange her und doch wie eben." Wieder hat sie diesen Blick, in dem sie sich verliert.

„Was werd' ich einmal sagen, wenn ich vor Gott steh'? Mit leeren Händen werd' ich kommen. Missionen, Kirchen, Organisationen – ,Ehre, Reichtum und Macht, alles ist nichtig vor der Größe des Herzens. Das Herz allein ist das kostbarste Kleinod auf der Welt.'

Kennen Sie's? Stifter."

Wieder sitzt der Fuchs des „Kleinen Prinzen" vor mir: „Tu deviens responsable pour toujours de ce que tu as apprivoisé."

„Auf dem Schreibtisch in meinem Büro steht ein Spruch von Dostojewskij: ,Wer den grauen Alltag erträgt und dennoch ein Mensch dabei bleibt, der ist wirklich ein Held.'"

„Was sagen Ihre Kollegen dazu?"

„Ich bezweifle, daß es einer gelesen hat. Und wenn, wird er denken: eine Marotte."

„Unlängst hat mich jemand gefragt: ,Wenn du dir was wünschen könntest, was wär' das?'

Da hab' ich gesagt: ,Wieder im Lager sein. Schau'n Sie mich nicht so an. So schrecklich vieles war, das ich erlebt habe: im Lager hab' ich Menschen getroffen, die den letzten Löffel Suppe mit mir geteilt hätten. Wenn ich an Angela denke. Sie hatte den richtigen Namen. Sie war ein Engel, ohne den ich nicht überlebt hätte. Sie war Österreicherin, Wienerin. Wissen Sie, was das bedeutet, wenn man in einem Straflager in Rußland einen Menschen trifft, mit dem man über Wien sprechen kann? Wir waren fast gleichaltrig, aber Angela war reifer als ich: gütiger, mütterlicher.

Sie hatte in der Deutschen Gesandtschaft in Bukarest gearbeitet und war ,wegen Zugehörigkeit zur Weltbourgeoisie' zu zehn Jahren Zwangsarbeit verurteilt worden.

Als ich wochenlang schwer krank lag, die Lagerärztin schließlich Rippenfell- und Nierenentzündung diagnostizierte, setzte Angela es durch, mich pflegen zu dürfen. Stundenlang scheuchte sie die schwarzen Fliegen von meinem Gesicht, pflegte und fütterte mich, denn ich war so schwach, daß ich weder stehen noch sitzen konnte. Überlebt hätte ich trotzdem nicht, wenn mir nicht ausgerechnet die Jüdinnen im Lager ihre tägliche Zuckerration überlassen hätten. Die Ukrainerinnen haben mich gehaßt, die Jüdinnen haben mir, der Deutschsprachigen, geholfen. Übrigens, Weinen war im Lager streng verboten. Nicht etwa wie im Gefängnis in Neunkirchen, wo es mit Karzer bestraft wurde, sondern die Gefangenen haben es sich selbst verboten. Es war ein ungeschriebenes Gesetz, daß keiner den anderen mit Weinen belasten durfte. Wenn wir uns nachgegeben hätten – das wäre nicht auszuhalten gewesen."

„Sie versündigen sich, wenn Sie sagen, daß Sie das Lager der Freiheit vorziehen würden."

Sie schüttelt den Kopf.

„Das können Sie nicht verstehen. Ich weiß, wovon ich rede. Ich bin von lauter Leuten umgeben. Das ist meine Freiheit.

Im Lager hab' ich unter Menschen gelebt."

IM LAGER

„Sehen Sie, das ist es, was ich an den Büchern prominenter Autoren, die über Gefangenenlager in Rußland schreiben, kritisiere: sie schreiben eine Chronik des Grauens.

So ist es nicht. Oder genauer: so ist es nicht nur. Diese Autoren lassen Tausende über die Klinge springen. Welcher Leser kann sich Tausende vorstellen? Das geht über seine Kräfte.

Einen? Ja. Den kann er sich merken. Bei dem kann er sich sagen: das hätte auch mir passieren können. Bei einem begreift man, daß vor Armut, Krankheit und dem Verlust der Freiheit niemand sicher ist.

Ich werde Ihnen ab und zu von einem erzählen. Von der Ukrainerin zum Beispiel, die sich umbringen wollte.

,Ich halt' das nicht mehr aus', hat sie gesagt, ,ich mach Schluß.'

Sie war eine Bäuerin, eine handfeste Person. Wir haben versucht, sie zur Vernunft zu bringen. Sie wollte sich in einem Kübel ertränken. Als alles nichts half, haben wir ihr einen großen Kübel voll Wasser hingestellt und gesagt: ,So, jetzt bring' dich um', und haben einen großen Kreis um sie gebildet. Eigentlich ist es furchtbar, aber wir wollten unsere Sensation haben. So wird man.

Die Frau hat sich tatsächlich kopfüber in den Kübel gestürzt, war aber schnell wieder draußen. So schwer habe sie sich das nicht vorgestellt. Sie hat es nie wieder versucht."

„Haben andere es versucht?"

„Nein. Je erbärmlicher die Umstände sind, in denen man lebt, umso mehr hängt man anscheinend am Leben. Nur wenn man alles hat, hat man auf nichts mehr Hoffnung. Wir hatten nichts. Also hatten wir auf alles Hoffnung."

„Und Sie?"

Sie lächelt.

„Und wenn ich völlig zerschlagen auf dem Boden liege: Solange noch ein Fünkchen Leben in mir ist, mach' ich weiter. Von Rositschka muß ich Ihnen noch erzählen. Ein hübsches junges Mädchen, das unter Anklage stand, mit einem hohen amerikanischen Offizier ein Liebesverhältnis gehabt zu haben.

‚Verleumdung‘, sagte sie.

Eines Tages kam sie vom Verhör, lachte und lachte.

‚Was ist los, Rositschka?‘

‚Jetzt haben sie mich drangekriegt. Ich komm’ zum Verhör, und der Untersuchungsrichter fragt mich: ‚Also, Rositschka, nun gib’ zu, daß du ein intimes Verhältnis mit dem amerikanischen Offizier gehabt hast.‘

Ich hab’s bestritten.

‚Dann komm’ einmal her‘, hat der Untersuchungsrichter zu mir gesagt. Da lag eine Bildserie auf dem Tisch: die ganze Liebesnacht in Fotografien. Die Spitzel hatten gute Arbeit geleistet.‘

Wir haben den Atem angehalten.

‚Und nun, Rositschka? Was hast du gesagt?‘

Rositschka lacht schallend.

‚Jetzt war schon alles egal. Da hab’ ich zu dem Untersuchungsrichter gesagt: ‚Wollen Sie’s auch probieren?‘

Zehn Jahre hat sie gekriegt.“

„Sind Sie vergewaltigt worden während Ihrer Gefangenschaft?“

„Nein. Aber das war Zufall und Glück, weil die Kriminellen, bevor ich ins Lager kam, von den Politischen getrennt wurden. Vorher war das anders. Man hat mir von dem Spießrutenlaufen erzählt, wenn Neue ins Lager eingeliefert wurden. Die Kriminellen standen zu beiden Seiten und zeigten mit dem Finger: ‚Die krieg’ ich, und die nehm’ ich, und die gehört mir.‘

Weigerte sich ein Mädchen, so wurde es für vogelfrei erklärt und gehörte dem ganzen Lager. Wehrte sich eine, so konnte es vorkommen, daß man ihr die Kehle durchschnitt und sie in die Latrine warf.

In der Zeit meiner Gefangenschaft habe ich die größte Sünde begangen. Ich habe Gott immerzu um Hilfe gebeten, daß ich’s ertrag’. Das ist die schwerste Belastung gewesen in den zwanzig Jahren, die ich jetzt wieder in der Freiheit lebe.“

„Warum halten Sie es um Gottes Willen für eine Sünde, daß Sie im Lager um Hilfe gebetet haben?“

„Weil ich früher nicht so gebetet habe. Weil ich seine Barmherzigkeit nicht früher erkannt habe. Ich komme mir so schäbig vor mit meinen Bitten und Gebeten. Sieben Jahre lang. Immer nur Hilfe haben wollen."

„Aber glauben Sie denn nicht, daß Sie gerade diesen Weg geführt worden sind, um zu einer Einsicht zu kommen, die Sie sonst nicht erlebt hätten?"

„Schon. Trotzdem . . ."

„Sie sollten nicht jahrzehntelang Unmögliches von sich verlangen. Sie haben die Gefangenschaft angenommen. Nehmen Sie jetzt auch die Freiheit an."

„Ich muß, um mein Leben zu vollenden, irgendwann, irgendwo etwas finden, das in Ruhe mündet. Kein Kampf mehr für Objekte. Ich möcht' für Menschen kämpfen. Rußland war eine Aufforderung: Bewähre dich, sei menschlich, sei gut!

Wie wird das alles ausgehen?"

Ich muß lachen.

Sie sieht mich irritiert an.

„Verzeihen Sie. Das ist ein Stichwort. Ich habe nämlich auch keine Ahnung, wie das ausgehen wird. Ich meine unser Buch. Es ist das erste Mal in meinem Leben, daß ich ein Buch anfange, ohne den Schluß zu wissen. Den Schluß weiß ich sonst immer zuerst. Ich komme mir ganz unmoralisch vor."

Sie läßt sich von meiner gut gespielten Heiterkeit nicht anstecken.

Sie sagt: „Das wird sich alles ergeben."

„Es muß uns einfallen", sage ich, „weil mir ‚ergeben' doch etwas zu ergeben vorkommt – obwohl einfallen auch nicht viel attraktiver ist."

Sie nickt, als wäre es genau das, was sie gemeint hat.

C. G. Jung fällt mir ein: „Wir wissen, daß ein Einfall (Ein-Fall) kein Resultat unserer Erklügelung ist, sondern daß der Gedanke von anderswo in uns hineingefallen ist."

„DIE FINSTERNIS"

„Wir haben etwas ausgelassen", begrüßt sie mich, „die Zeit als Werkstudentin."

„Wir haben vieles ausgelassen."

„Wir dürfen aber nichts auslassen."

„Nichts, was Sie für wichtig halten."

„Nach welchem System arbeiten Sie?"

„Ich schreibe unsere Gespräche auf. Das System diktieren Sie, je nachdem, was Sie wann erzählen."

„Werden Sie das später koordinieren, unter einen Hut bringen oder wie man das nennt?"

„Natürlich, wenn es mir nötig erscheint."

„Und wie?"

„So ähnlich wie ein Musiker. Er hat sein Thema. Das variiert er. Oder er lenkt bewußt vom Thema ab, um die Spannung zu erhöhen und auf Umwegen wieder zum Thema zurückzukommen.

Ich halte es für keinen Zufall, daß Sie in Sprüngen erzählen. Manche dieser Sprünge erscheinen mir jetzt schon in ihrer Aufeinanderfolge geradezu logisch."

„Im Juni 1949 kamen wir mit unserem Transport nach Lemberg. Da war ein Judenghetto, das in ein russisches Gefängnis umfunktioniert worden war. Das war an Dreck, Gestank und Zusammengepferchtsein das Schlimmste, was ich erlebt habe.

Lemberg war Zwischenstation. Die Deutschen wurden über Sachsenhausen ins Innere der Sowjetunion geführt, wir Österreicher über Lemberg.

Wir blieben dreieinhalb Monate.

Als wir die Viehwagen an einem Abend verließen, sahen wir eine gespenstische Landschaft in hellem Mondlicht. Eine tote Landschaft.

Auf dem Weg stieg uns immer wieder ein grauenhafter Gestank in die Nase. Ich dachte, es wäre die Kanalisation.

Wir wurden durch einen Gang geführt. Wir hörten nichts, wir

sahen kaum etwas. Nur ein großes Schaff aus Holz. Am Tag sahen wir dann die Feuchtigkeit, die durch das Schaff drang, und die vielen Schaben auf dem Boden.

Eine Tür wurde aufgerissen. Wir wurden hineingestoßen, die Tür fiel zu. Der Gestank schlug über uns zusammen. Es war der gleiche, welchen ich auf dem Weg für den der Kanalisation gehalten hatte.

Als ich mich an die Dämmerung gewöhnt hatte, sah ich Fleisch, Berge von Fleisch: rund hundert Frauen und Mädchen, die, wegen der Hitze nur mit kurzer Hose und BH bekleidet, mehr über- und untereinander als nebeneinander kauerten. Zum Liegen war kaum Platz. Von den hundert Frauen und Mädchen zwischen sechzehn und fünfundachtzig Jahren waren achtzig Prozent Ukrainerinnen.

Zu arbeiten hatten wir nichts. Einmal am Tag durften wir im Gefängnishof unter Bewachung eine Stunde spazierengehen. Weil nicht genügend Wachpersonal da war, haben Kriminelle auf uns politische Gefangene aufgepaßt. Außer der einen Stunde im Hof waren wir in dem Raum zusammengepfercht.

Ich höre die Verrückte heute noch schreien:

‚Wann schicken sie mir endlich meine Kuh? Ich brauche doch eine frische Milch!'

Wir hockten auf dem bloßen Holzboden. Wer eine Decke hatte, war reich. Das war in Lemberg, als jene Ukrainerin die dicke Wolldecke zerteilte und mir die Hälfte schenkte. Die Frau war bildschön. Groß, dunkel. Maria.

Ihre Eltern waren verschleppt worden. Sie hat den, der das getan hat, im Wald ermordet und verbrannt. Sie saß wegen politischen Mordes.

Wer länger dort war, konnte sich mit der Zeit ‚vorarbeiten' bis zur ‚Narre'. Das waren Obststellagen an der Seite des Raumes, auf denen man besser liegen konnte als auf dem Boden. In einem anderen Raum war der Boden aus Zement. Hier waren die Löcher, um die Notdurft zu verrichten, und ein Faß mit einer Wasserleitung, wo wir uns waschen konnten. Unsere Wäsche wuschen wir in einer Ecke des gleichen Raumes. Diese Stelle versuchten wir peinlich sauber zu halten. Wie das war, können Sie sich vermutlich nicht vorstellen: auf der einen Seite hockten sie in einer Reihe auf den Löchern, in der anderen Ecke wuschen wir uns und unsere Wäsche.

Außerdem mußten wir die Verrückte bändigen, die sich immer schreiend in das Faß mit dem schmutzigen Wasser stürzte.

Hier hab' ich gelernt, wie die Ukrainerinnen ihre Wäsche waschen."

„Wie waschen die Ukrainerinnen ihre Wäsche?"

„Schauen Sie, so."

Sie nimmt den Wollschal, den die Mutter gestrickt hat, und faltet ihn in ein, zwei, drei Lagen. Dann zeigt sie mir, wie jede Lage von jeder Seite durchgewaschen, wie das Wäschestück auseinandergenommen, neu gefaltet und wieder gewaschen wird.

„Hatten Sie Seife?"

„Nicht immer. Und wenn, war es die sogenannte ‚Fischseife', die einem harten Seifenstein ähnlich sieht und kaum schäumt." Sie denkt nach und lächelt.

„Ich hatte übrigens noch ein Stück Seife, das ich mir damals in Österreich im Gefängnis von den Russen hatte kaufen lassen. Ein Stück ‚Luftseife', ganz leicht, mein kostbarster Besitz, den ich immer bei mir getragen hab'. Später, im Lager, hab' ich's meinem Patenkind geschenkt. Wir haben eine Frau entbunden und das Kind getauft.

Das war später.

Noch waren wir in Lemberg.

Nach drei Tagen war ich am ganzen Körper verschwollen. Ich konnte nicht mehr aus den Augen sehen, so hatten die Wanzen mich zugerichtet. Nächtelang haben wir sie erschlagen, wenn sie in ganzen Heerscharen anrückten. Eines Tages kam man drauf. Wir wurden gebadet, die Haare wurden gewaschen, die Kleider kamen in eine Hitzekammer."

„Wie haben Sie sich sonst gewaschen?"

„Mit Wasser."

„Die Zähne?"

„Mit dem Finger und mit Wasser."

„Und was man sonst Hygiene nennt?"

„Nichts."

„Aber hundert Frauen −?"

Sie zuckt die Schultern.

„Zeitungspapier.

Als wir entwanzt worden waren und zurückkamen, war die ‚Narre‘ verschwunden. Nur der bloße Bretterboden war geblieben.

Nach den Wanzen kamen die Filzläuse. Das war noch schlimmer.

Das Furchtbarste waren weder der Hunger noch der Gestank, nicht das Zusammengepferchtsein und auch nicht die Ungewißheit. Das Furchtbarste war, was man mitansehen, miterleben mußte.

Da war eine alte Ukrainerin, fünfundachtzig Jahre war sie alt, die man mit ihren neun Kindern eingesperrt hatte. Acht Söhne und eine Tochter.

Um die Schikane auf die Spitze zu treiben, ließ man sie nicht beisammen in dem gleichen Lager, sondern nahm ihr ein Kind nach dem anderen weg. Wohin, das wußte niemand. Ein Wärter erlaubte ihr, daß sie sich von jedem Kind, das abtransportiert wurde, verabschieden durfte. Das wiederholte sich achtmal. Nur die Tochter war noch übriggeblieben, und die alte Frau hoffte, daß man ihr die Tochter lassen würde.

Eines Tages wurde auch die Tochter geholt.

Als die alte Frau allein zurückkam, hatte sie ein Gesicht aus Stein. Sie hat nie mehr gesprochen.

Nach Rußland waren wir wochenlang unterwegs. Unser Lager in Mordovien hieß Potma. Das heißt auf deutsch ‚Die Finsternis‘. Ein malariaverseuchtes Lager in einem Sumpfgebiet, wo über die Hälfte der Gefangenen an dieser Krankheit starb.

Sogar die Frauen in den Krankenbaracken wurden, wenn sie nicht gerade Blut spuckten, im Sommer jeden Morgen in Brigaden eingeteilt und zur Arbeit in der Landwirtschaft geschickt. Dabei war die Krankenbaracke schon ein Vorzug. Ich hab’ sie kennengelernt, später, nach der Lubjanka.

Eines Tages lief mir der Schweiß am ganzen Körper herunter. Ich hatte hohes Fieber. Die Schwäche war tödlich. Ich konnte mich nicht mehr auf den Beinen halten. Zwei Mitgefangene schnürten mein Bündel. Ein Wärter kam und befahl mir, das Bündel zu tragen. Ich hatte das Gefühl, Steine zu schleppen.

Wir kamen zu einer Stiege, die ich heute noch ‚die KZ-Stiege‘ nenne. Er ging hinauf und schrie: ‚Schneller!‘

Ich weiß nicht, wie oft ich versucht habe, die Stiege hinaufzukommen. Ich bin auf dem Bauch gelegen, um mich hinaufzuarbeiten, und hab' versucht, das Bündel am Rand der Stiege hinaufzuschieben. Der Wärter ist oben gestanden und hat gelacht.

Als ich endlich oben war, hat er eine Tür aufgerissen und gemeldet: ‚Schnell, schnell, ich bringe eine Schwerkranke!'

Dann weiß ich nichts mehr, nur daß ich im Himmel aufgewacht bin: in einem richtigen Bett mit Matratze und Polster und weichen Decken. Ich bekam gutes Krankenessen und sogar Wein vor den Mahlzeiten. So bin ich wochenlang in Moskau gelegen, bis sie mich, immer noch mit Fieber und mager wie ein Gerippe, wieder ins Lager geschickt haben, um mich nach drei Tagen wieder nach Moskau zum Verhör zu führen. Den Auftritt beim Untersuchungsrichter hab' ich Ihnen erzählt.

Als ich wieder ins Lager mußte, hat mir einer den Rat gegeben, mein Bündel nicht selbst zu tragen: ‚Gib's dem Wärter. Er muß es tragen.'

Ich wurde im ‚Schwarzen Raben' zum Bahnhof gefahren. Das ist ein kleiner Lastwagen mit einer Zelle, wo man die Gefangenen einsperrt, die auf der Fahrt randalieren. Als politische Gefangene hatte ich immer drei bis vier Mann Bewachung, auch einen Offizier mit einem Hund. Wissen Sie, fünfundzwanzig Jahre Zwangsarbeit, das hatten viele. Aber bei mir hieß es zusätzlich: ‚Zu jeder Arbeit einzusetzen, auch wenn es sie das Leben kostet.'

Am Bahnhof hab ich an den Rat gedacht und mein Bündel in den Schnee gestellt:

‚Ich bin zu schwach. Ich kann es nicht tragen.'

Sie haben getobt und gebrüllt, aber dann hat doch ein Wärter das Bündel nehmen und es mir tragen müssen. Ich höre ihn noch fluchen.

Das war mein erster kleiner Triumph als Gefangene.

Im Lager waren zwei Krankenbaracken, jede für hundertfünfzig Personen, die wie die Heringe nebeneinanderlagen. Es gab für beide Baracken einen Ofen. An dem wärmten wir uns alle.

Eine russische Pilotin schrie bei Tag und Nacht: ‚Nehmt mir doch das Feuer aus dem Kopf!'

Sie haben dann ein neues Medikament an uns ausprobiert.

Nach drei Injektionen war die Pilotin gesund.

Eine andere Frau, der man das Medikament ins Rückenmark injizierte, hat sich auf ihrer Pritsche in einem furchtbaren Krampf zu einer Brücke aufgebäumt und ist wenig später gestorben.

Ich hatte gehofft, mich in der Krankenbaracke noch ein wenig erholen zu können, aber nach drei Tagen mußte ich ja schon wieder die tagelange Reise nach Moskau in die Lubjanka antreten."
„Wie sah der Raum aus, in dem Sie verhört wurden?"
„Ein gewöhnlicher Raum mit einem Schreibtisch, hinter dem der Untersuchungsrichter saß, und eine Art Verschlag in einer Ecke für den Gefangenen, damit er nicht so leicht ausbrechen konnte.
Man wollte immer unterschriebene Protokolle von mir. Aber ich hab' nichts unterschrieben."
„Was hat man von Ihnen wissen wollen?"
„Über die Verhältnisse in Deutschland, über die Verteidigung Österreichs. Einmal wurde mir gesagt: ‚Ihre Verbrechen sind doch bekannt. So unterschreiben Sie doch!'
Da hab' ich bewiesen, daß ich über den Inhalt der Protokolle gar nichts gewußt haben kann. Es war ein dicker Akt, den man mir angeblich wortwörtlich übersetzt hatte. Ich konnte beweisen, daß der Dolmetscher keine zehn Minuten dazu gebraucht hatte.
‚J e t z t kann ich es selber lesen', hab' ich gesagt, ‚alles, was man mir zur Last legt, ist unwahr.' "
„Wie haben Sie Russisch gelernt?"
„Das war schwer. Ein Buch von Tolstoi über seine Jugend war mir in die Hände gekommen. Da ich den Inhalt kannte, hab' ich versucht, hinter den Sinn und die Bedeutung der Worte zu kommen. Nach einem halben Jahr besaß ich eine kleine Sammlung von Vokabeln, die ich übte. Dazu hörten wir täglich Russisch. Nach drei Jahren konnte ich Russisch sprechen. Eine neue Sprache, das ist wie ein neues Leben. Ganz abgesehen davon, daß mein Leben davon abhing, daß ich mich in der Sprache des Landes, das mich verurteilt hatte und in dem ich gefangen war, verteidigen konnte. Als ich verstand, was ich las, hab' ich alles, was ich in der Lagerbibliothek an Büchern auftreiben konnte, gelesen."
„Konnten Sie lesen, was Sie wollten?"
„Ja. Die Bibliothek bestand aus konfiszierten Büchern der Ge-

fangenen. Größtenteils solche Bücher, die auf dem Index standen. Das heißt, außerhalb des Lagers wäre ich an diese Bücher gar nicht herangekommen. Im Lager schien man der Ansicht zu sein, daß die Gefangenen für den Kommunismus ohnehin verloren waren."

„Was haben Sie gelesen?"

„Von Dostojewskij über Tolstoi, Puschkin, Lermontow, Turgenjew alles, was ich bekommen konnte. Aber das war schon später. Im Anfang, als ich lernen mußte, hab' ich mir Bücher über Geographie und Militär ausgesucht. Besonders in den Büchern über das Militär fand ich viele deutsche Wörter, die ins Russische übernommen worden waren. Genau wie in der russischen schöngeistigen Literatur viele französische Wörter zu finden waren. Unter den Gefängnisbüchereien, die ich kennenlernte, war die im Wladimir-Polit-Isolator die umfangreichste.

Wir waren zu sechst in einer Zelle. Die Russinnen berieten mich bei der Auswahl der Literatur. Alle vierzehn Tage durfte man ein Heft vollschreiben, das man dann abliefern mußte. Das war ein guter Zwang zum Lernen. Zu sechst hatten wir ein Tintenfaß und drei Schreibfedern in der Zelle. Das wurde am Morgen gebracht und am Abend wieder abgeholt.

Ich legte mir eine Liste der Bücher an, die mich interessierten. Das waren außer den Klassikern Geschichtsbücher, volkswirtschaftliche und politische, besonders die Geschichte der Partei. Religiöse Bücher gab es nirgends, außer solchen Werken, die die Nicht-Existenz Gottes zu beweisen versuchten und der Religion den Kampf ansagten.

Wir durften auch Zeitungen lesen im Gefängnis. Die ‚Prawda' zum Beispiel. Aber immer erst drei Monate, nachdem sie erschienen war. So trauerte meine Zellengenossin Taissa, eine fanatische Anhängerin Stalins, im Juni 1953 wegen seines Todes. Da erst erfuhr sie aus der Zeitung, daß Stalin am 5. März des gleichen Jahres gestorben war.

Von diesem Zeitpunkt an gab es spürbare Erleichterungen. Familiennachrichten trafen häufiger ein. Eine Zellengenossin erfuhr, daß ihr Mann, der bei ihrer gemeinsamen Verhaftung in ein Lager transportiert wurde, dort vor zehn Jahren gestorben war.

Ich durfte ein Gesuch um Wiederaufnahme meines Verfahrens

an den Generalstaatsanwalt richten. Ich erhielt die Nachricht, daß dieses Gesuch nach Baden bei Wien weitergegeben worden sei, daß das ganze Verfahren noch einmal aufgenommen wurde. An diesem Tag wußte ich, daß mein Kampf durch all die Jahre nicht vergeblich gewesen war.

„Hatten Sie in der Gefangenschaft denn Zeit zum Lesen?"

„Im Lager kaum. In den Gefängnissen genug. In der Lubjanka, der Burdirskaja und im Wladimir-Polit-Isolator.

Aber jetzt bin ich müde."

DIE KARMELITINNEN

„Wissen Sie, daß ich eine affilierte Karmelitin bin?"

„Keine Ahnung."

„Ich habe ein Pergament aus Rom vom Pater General der unbeschuhten Karmelitinnen, daß ich aller Gnaden, Segnungen und Gebete teilhaftig werden darf wie eine Karmelitin. Das gibt es ganz selten."

„Unbeschuhte Karmelitinnen? Und im Winter?"

„Strohschuhe. Im Sommer so gut zu tragen wie im Winter."

„Woher wissen Sie das?"

„Weil ich welche habe. Die Karmelitinnen in meinem Haus haben mir welche gemacht."

„Sie hatten Karmelitinnen in Ihrem Haus? In Steinbach?"

„Ja. Über vier Jahre."

„Warum?"

„Ein Teil des großen Hauses stand leer. Also hab' ich es dem Karmel als Erholungsstätte für Karmelitinnen angeboten. Drei haben bei mir gewohnt, zeitweise vier. Es war auch noch genug Platz, um eine Kapelle mit einem Altartisch einzurichten. Schaun Sie, das ist so. Die Ordensregel schreibt vor, daß die Gemeinschaft nicht mehr als einundzwanzig Karmelitinnen umfassen darf. Wenn ein neuer Karmel begründet werden soll, werden die Gründungsschwestern vom Kloster beurlaubt."

„Nach Steinbach? Einfach so?"

„Ganz so einfach nicht. Erst mußten alle rechtlichen Voraussetzungen gegeben sein."

„Was tun die Schwestern tagsüber?"

„Arbeiten und beten. Auch nachts. Wenn sie sich abends niederlegen, schlafen sie kaum eine Stunde. Dann stehen sie schon wieder auf, um zu beten. Stundenlang knien sie oft, ohne sich zu rühren, und beten.

Tagsüber gab es genug Arbeit. Küche und Garten, Kontakte zur Außenwelt. Die Mutter Vikarin hat geschrieben."

„Was?"

„Mystische Romane und Gedichte. Sie ist eine hochgebildete Frau.

Wissen Sie, die Wotruba-Kirche war ursprünglich für den Karmel geplant. Das hat sich aber zerschlagen.

Und jetzt erzähl ich Ihnen was, wenn Sie da nicht lachen – machen Sie sich, bitte, eine Notiz: ‚Lärchen für den Altar'. Ja, mit ‚ä' bitte.

Das war Jahre nach meiner Rückkehr aus Rußland. Ich hatte im Waldviertel eine kleine Jagd gepachtet als Ausgleich für meine viele Schreibarbeit. Ich bin so gern draußen im Wald.

Einmal bin ich mit dem Oberförster am Heimweg. Die Lärchen blühten zu Hunderten. Ich denk mir: Bei so vielen ist's kein Frevel, und bitt' den Oberförster, daß er mir ein paar Zweige holt für den Altar meiner Karmelitinnen.

Es ging steil hinauf, und er ist lang ausgeblieben. Als er wiederkommt mit den blühenden Lärchenzweigen, ist er bleich.

‚Was ich gefunden hab' . . .'

‚A Leich?'

Er schüttelt den Kopf.

‚Eine Eremitenklause. Eine Höhle im Fels, über der Öffnung steht eingraviert: Bei Gott allein findest du Ruh.

Und das in meinem Revier. Und ich weiß nix. A Pritschn is drin und a Ofen. Sofort meld' ich das der Gendarmerie.'

Er war so aufgeregt, daß er mir leid getan hat.

Ich mußte heimfahren. Die Mutter Vikarin war entzückt, nicht nur über die Lärchenzweige für den Altar, sondern über meinen Bericht, daß sie in der Nähe einer Eremitenklause gepflückt worden waren.

‚Sehen Sie. Gott ist überall. Eine Eremitenklause in Ihrer Jagd. Wir werden für den Eremiten beten.'

Als ich nach vierzehn Tagen wieder im Waldviertel bin, begrüßt mich der Oberförster und ist schon wieder aufgeregt.

‚Es sind zwei.'

‚Zwei was?'

‚Zwei Eremiten.'

‚Das gibt's nicht', sage ich entschieden, ‚Eremiten gibt's immer nur einen.'

Wir sitzen auf dem Hochstand, jeder ein Fernglas in der Hand, und warten darauf, daß der Bock wechselt. Ruft der Oberförster: ‚Da ist er. Ich seh' ihn.'

‚Wen? Den Bock?'

‚Schwarze Haare hat er und ein gelbes Leiberl an.'

‚Der Bock –?'

‚Naaa, der Eremit.'

Wir hinunter vom Hochstand.

Ich hatte mir in den vergangenen zwei Wochen mein Teil gedacht, denn die Leute im Dorf erzählten allerlei.

Es ging dann alles sehr schnell. Ein Gendarm erschien im VW. Der Oberförster stellte den Eremiten. ‚Stehen Sie!'

Er folgte und ließ sich bereitwillig verhören. Da standen wir alle auf der Straße, und wenig später erschien auch der zweite Eremit, ein junger Mann mit wallenden blonden Locken, geschminkt, mit Ketten, Ringen und Spangen geschmückt, in einem Gewand aus rehbraunem Leder.

‚Um Himmels willen', hab' ich mich entsetzt.

‚Sie laufen da in meinem Revier herum wie ein Reh . . . und wenn ich auf Sie geschossen hätt' –?'

Sagt der Gendarm mit einem Blick auf den schwarzhaarigen Eremiten:

‚Da hätten S' höchstens den da zum Witwer gemacht.'

‚Ab heute zahle ich nur noch die halbe Pacht', hab' ich gesagt, ‚die andere Hälfte soll man, bitte, als Lustbarkeitssteuer erheben.'

Der Oberförster, immer entrüsteter, bestand auf Anzeige.

‚Nix Anzeige', sagte der Gendarm, ‚das gibt viel zu viel Schererei.'

Die beiden Eremiten wurden des Landes verwiesen. Die Eremitenklause wurde aufgelassen. Der Oberförster war aufs Neue entrüstet über die Damenwäsche, die er fand.

‚Bei Gott allein findest du Ruh' . . .', der Oberförster konnte sich nicht beruhigen.

Und ich war auch beunruhigt: Konnte ich meine Karmelitinnen weiter mit gutem Gewissen für den Eremiten in meinem Revier beten lassen?

Ich konnte nicht.

‚Hören Sie‘, sagte ich zur Mutter Vikarin, ‚das mit der Eremiten-klause ist etwas anderes.‘

Die Mutter Vikarin war eine Spätberufene. Nichts Menschliches war ihr fremd.

‚So ist das‘, sagte sie mit hochgezogenen Augenbrauen, ‚so, so . . .‘ Dann sah sie mich an. ‚Wenn das so ist, dann müssen wir noch viel mehr beten.‘ ‘‘

„So vergnügt heute?‘‘ fragt die Schwester, die mit dem Tee kommt.

„Galgenhumor, reiner Galgenhumor, Schwester Cäcilia. Die schönen Tage von Schruns gehen zu Ende. Um drei Uhr schau ich schon immer auf die Uhr und freu mich: nur noch eine Stunde. Was werd‘ ich von vier bis sechs tun daheim?‘‘

„Wo Sie doch nie eine Arbeit haben‘‘, sagt die Schwester und zieht den Wickel der lachenden Patientin fester, bevor sie aus dem Zimmer geht.

„Sie ist ein Schatz‘‘, sagt MO, „ich kenne sie seit zwanzig Jahren.‘‘

Ich frage: „Was ist aus den Karmelitinnen geworden?‘‘

„Sie haben gehen müssen, nachdem das Projekt der Karmelkirche in Steinbach gescheitert ist. Im Juni 1969 erhielt ich den Bescheid, daß das Projekt in dieser Form in Steinbach nicht verwirklicht werden könne. Die Schwestern wurden nach Graz in den Karmel versetzt. Es war ein schöner Herbsttag, als sie abfuhren. Ich habe mich nur einmal in meinem Leben so verlassen gefühlt wie damals. Das war im russischen Gefängnis in Neunkirchen, als der Dolmetsch mir mein Urteil vorlas: ‚Verurteilt zu 25 Jahren Zwangsarbeit, zu jeder Arbeit einzusetzen, auch wenn es Sie das Leben kostet.‘ ‘‘

Sie trinkt ihren Tee.

Und dann, als wollte sie das Gespräch nicht damit beenden, erzählt sie mir noch die Geschichte von dem Notar und der Län-derbank.

„Das war zu meiner Zeit als Werkstudentin, als ich für zwanzig Mark im Monat bei der Firma Schenker & Co. arbeitete und mein Studium selbst finanzierte. Das Haus in Steinbach war alles, was wir hatten. Wenn ich abends heimkam, war es, als käme der Hausherr. Was wird sie sagen, was wird sie tun? Ich war etwas über zwanzig Jahre alt.

Eines Abends sagt die Mutter, daß das Haus versteigert wird. Sie hatte eine Hypothek auf dem Haus und konnte die Steuern nicht bezahlen. Die Summe von 1120 Mark war nicht groß, aber für uns damals nicht aufzubringen.

Ich hab' gesagt: ‚Reg dich nicht auf. Ich werd' das schon machen.'

Ich hatte keine Ahnung, was ich machen sollte. Am Montag entschuldigte ich mich bei der Firma und ging in die Wipplingerstraße zu einem Telefonautomaten. Ich schlug das Telefonbuch auf, suchte ‚Notare' und tippte mit geschlossenen Augen auf einen Namen.

Es war der Notar Dr. Hauser. Daß er gleich in der Wipplingerstraße wohnte, hielt ich für ein gutes Zeichen.

Ich bin sofort zu ihm gegangen und hab' ihm alles erzählt. ‚Ich muß das Haus retten', hab' ich gesagt, ‚kennen tu ich niemand, Protektion hab' ich keine, aber arbeiten kann ich, und zurückzahlen werd' ich's, so schnell ich kann.'

Er hat zugehört und mich angeschaut und hat gesagt: ‚Ich borg's Ihnen.'

Den Vertrag hat er gleich aufgesetzt.

Von dem Geld, das ich verdient habe, hab' ich meine Schulden abbezahlt.

Das Haus war gerettet.

Als ich später die Firma wechselte und zur ‚Reichsvereinigung Eisen' kam, verdiente ich besser und konnte mehr zurückzahlen.

Als ich dann, noch später, in den vierziger Jahren, im Ministerium für Vermögensbildung und Wirtschaftsplanung die Planungssektion geführt habe, wurde ich auch zum Aufsichtsratsmitglied der Länderbank gewählt.

Das war eine große Zeremonie im Sitzungssaal. Und wer hat als zuständiger Notar die Unterschriften beglaubigt? Der Herr Notar Hauser. Er hat mir zugelächelt, und wir haben beide wohl das gleiche gedacht: Wie er mir damals geholfen hat, auf Treu' und Glauben. Und daß ich ihn nicht enttäuscht hab'.“

NADJA

„In Rußland war ich die Mutter einer Verrückten.

Nadja.

Wenn ich transportiert wurde, hatte ich immer ein geschlossenes Abteil, ganz für mich allein. Als ich aus Moskau wieder nach Potma gebracht wurde, hatten sie anscheinend nicht genug Platz im Zug. Ein junges Mädchen fuhr mit mir. Nadja, ein russisches Bauernmädchen von zwanzig Jahren. Sie war mittelgroß, grazil wie eine Ballerina, hatte kupferrote Haare und jene veilchenblauen Augen, von denen die Dichter des vorigen Jahrhunderts schwärmten und die es eigentlich gar nicht gibt. Im Mittelalter hätte man Nadja sicher als Hexe verbrannt.

Es fiel mir, wenn wir miteinander sprachen und uns ansahen, auf, daß immer ein Schleier vor ihren Augen lag.

Wir kamen im gleichen Durchgangslager in die gleiche Zelle. Außer uns waren noch eine Zigeunerin und eine sechzehnjährige Litauin in der Zelle.

Zwei Doppelpritschen standen nebeneinander, eine Art primitiver Stockbetten.

Nadja und ich lagen unten.

Ihre Geschichte. Der Vater war schon gestorben. Sie lebte mit der Mutter. Als die Deutschen kamen, verliebte Nadja sich in einen Offizier und ging oft mit ihm tanzen. Die Mutter stand Todesängste aus.

Einmal lief sie der Tochter auf der Treppe nach und versuchte, sie ins Haus zu ziehen. Die Tochter stieß sie zurück. Die Mutter stürzte und brach sich den Fuß. Nadja ging zum Tanzen.

Als sie wegen Kollaboration im Gefängnis saß, schrieb sie ihrer Mutter Briefe. Unter jedem stand: ‚Deine von Gott verfluchte Tochter‘.

Obwohl ihr die Mutter längst verziehen hatte, kam Nadja nicht von ihren Schuldgefühlen los.

Einmal geht die Kamuschka an der Tür auf.“

„Was ist das?"

„Eine Art Durchreiche über dem ‚Spion', das Loch, durch das man uns beobachten konnte.

Durch die Kamuschka wurde uns auch das Essen gereicht.

‚Nadja, zum Verhör!'

Als sie wiederkommt, ist sie verrückt. Sie nennt mich Maminko, klammert sich an mich, will von mir versorgt, gewaschen und gefüttert werden.

Einmal, als man uns zum Baden geführt hat, denk' ich, daß Heiß und Kalt einen Schock auslösen kann. Ich schütt' also mehrere Male einen Kübel heißes und einen Kübel kaltes Wasser über Nadja.

Sie war wieder normal. Ihre entsetzte Frage: ‚Was hab' ich erzählt?'

So ging es bis zum nächsten Verhör. Dann war sie wieder verrückt.

In dieser Zeit las die Zigeunerin uns aus der linken Hand. Sie sagte zu mir, daß meine Mutter gestorben sei. Als Nadja das hörte, gebärdete sie sich so wild, daß wir sie halten mußten, sonst hätte sie die Zigeunerin erwürgt.

‚Sie lügt!' hat sie geschrien, ‚sie lügt!'

Am Abend hat sie mir zugeflüstert:

‚Heut' Nacht geh' ich zum Boschinko' (das heißt Gott), ‚morgen sag' ich dir die Wahrheit.'

Am Morgen sagte Nadja: ‚Ich hab' geträumt. Ich war bei dir zu Haus. Deine Mutter lebt. Ich hab' sie gesehen.'

Und dann hat sie mir das ganze Haus beschrieben, von innen und außen. Jede Einzelheit. Auch meine Mutter: ihr Gesicht, ihre Haartracht, ihre Kleidung.

Ich konnte die Schocktherapie nicht mehr wiederholen, denn wir wurden weitertransportiert nach Potma.

Ich hab' versucht, was ich konnte. Ich hab' versprochen, die schwerste Arbeit zu machen, wenn ich mit Nadja zusammenbleiben durfte. Ich wußte, wenn sie ihre Maminko nicht mehr hatte, würde es schlimmer mit ihr werden.

Es war alles umsonst. Nadja kam in die Baracke für Verrückte, ich in die Krankenbaracke. Als wir wieder einmal ins Bad geführt wurden, höre ich einen Schrei: ‚Maminko!'

Die Baracke für die Verrückten war mit einem dichten Geflecht aus Zweigen umgeben. Nadja hatte mich gesehen und streckte ihre Arme durch die Zweige. Ich durfte einen Augenblick zu ihr.

Als ich wieder in der Kolonne war und wir weitergehen mußten, schrie sie laut.

Von einer Ärztin erfuhr ich, daß sie von diesem Tag an völlig tobsüchtig war. Ich habe nie wieder von ihr gehört.‘‘

„Haben Sie nie an Gott gezweifelt?‘‘

„In Rußland nie. Sonst hätte ich nicht überlebt.

Vor meiner Verhaftung oft. Besonders die Rolle des Verräters hat mich immer wieder beschäftigt. Obwohl er ein Verräter war – oder gerade weil er ein Verräter war –, hätte Gott ihm doch verzeihen müssen. Judas war doch nur das Werkzeug, auf daß die Schrift erfüllt werde! Er hat doch gar keine Wahl gehabt.

In Rußland hab’ ich auch darüber nicht mehr nachgedacht. Ich hab’ mir das Denken verboten, weil ich sonst verrückt geworden wäre. Man kommt mit dem Denken nicht weiter. Ich hab’ mich einfach in die Hand Gottes fallen lassen. Wie ein Kind in die Hand seines Vaters.‘‘

„Eines guten Vaters, der auch straft?‘‘

Sie nickt.

„Von der Taufe meines Patenkindes wollte ich Ihnen noch erzählen. Das war auf einer Zwischenstation auf dem Weg nach Potma.

Ich kam in eine Zelle mit drei Pritschen. Auf einer lag eine Polin, auf der anderen eine alte Frau, auf der dritten sollte ich liegen. Diese alte Frau, eine Ukrainerin von fünfundsiebzig Jahren, kann ich fast nicht beschreiben. Verdreckt von Kopf bis Fuß, auf einem verfaulten Strohsack. Sie hatte furchtbar hervorquellende Augen und einen Kehlkopf, der ständig auf- und abhüpfte. Sie sabberte und lallte und stank wie die Pest. Mir hat so gegraust, daß ich ihr auf meiner Pritsche den Rücken zugekehrt hab’, um sie wenigstens nicht sehen zu müssen.

Was noch schlimmer war als der Anblick und der Gestank, war mein schlechtes Gewissen. Ich kam mir genau so schäbig vor, wie ich war.

Alle nannten sie Großmutter.

Ich sah zu, wie sie gefüttert wurde. Man stopfte ihr, um schnell fertig zu werden, große Brocken in den Mund, die sie weder kauen noch schlucken konnte, so daß sie wieder herausfielen. Wenn sie auf die Latrine ging, konnte sie nicht stehen bleiben, sondern mußte sich setzen in all dem Unrat. Sie war zu schwach. Wie lange sie nicht mehr gewaschen worden war, weiß ich nicht.

Eines Tages nahm ich der Polin, die die Großmutter fütterte, den Löffel weg. ‚Laß mich das machen.‘

Sie war froh.

Ich fütterte die Großmutter mit ganz kleinen Schlucken und Bissen, so daß sie wenigstens einen Teil des Essens bei sich behalten konnte. Und als wir zum Baden geführt wurden, hab' ich meinen Abscheu überwunden und hab' die Großmutter gewaschen von Kopf bis Fuß. Ich wünschte, ich könnte Ihnen ihr Gesicht beschreiben. Nie wieder hat mich ein Mensch so dankbar angesehen.

Die anderen hab' ich angeschrien, sie sollten sich schämen, daß sie für die eigenen Leut' nichts täten. Da sind sie hergegangen und haben was gebracht. Ein Hemd, eine Bluse, ein Tuch, einen Rock. Die Augen der Großmutter sind noch größer geworden, als sie ohnehin schon waren.

‚Laß nur‘, hab' ich zu ihr gesagt, ‚je mehr, um so besser.‘

„Ich war so wütend, daß ich auch mit dem Wärter geschrien hab'. Wie das ausging, wußte man nie. Es ging gut aus.

Ich bekam, was ich verlangt hatte: einen Kübel für die Großmutter, der in der Zelle blieb und den wir ausleeren und reinigen konnten, einen frischen Strohsack, Decke und Polster.

Am Abend dieses großen Erfolges war ich müde und sehr froh. Wir lagen alle drei auf unseren Pritschen, als die Tür aufgemacht und eine junge Litauin hereingeschoben wurde, hochschwanger.

Aus Brettern und einem Strohsack schlug man eine vierte Pritsche auf.

Die Frau war einundzwanzig Jahre alt. Sie war wegen ‚antisowjetischen Verhaltens‘ verhaftet worden und befand sich auf dem Transport.

Der Lagerarzt sah noch nach ihr. Man merkte ihr an, daß sie große Schmerzen hatte, aber sie bestritt es. Es war ihr erstes Kind.

Der Lagerarzt hatte vor nichts mehr Angst als vor einer Geburt, denn es war rein gar nichts da. Das Kind kam so schnell auf die Welt, daß wir gerade noch eine schmutzige Wachsleinwand unter die Mutter schieben konnten. Alles ging ohne einen Laut. Auch das Kind rührte sich kaum, als wüßte es, wo es zur Welt gekommen war. Der Arzt nabelte es ab, und wir schmierten es mit Vaseline ein. Wir hatten einen Fetzen Leinwand, da habe ich es hineingewickelt und auf meine Pritsche gelegt, und ich habe alles, was ich an Gewand gehabt habe, um das Kind gelegt, damit es warm hatte.

Einmal hat die Mutter gesagt: ‚Wenn ich doch ein Kompott hätte.‘ Wir haben ihr aber nur kaltes Wasser zu trinken geben können.

Als alles vorbei und der Arzt gegangen war, hat die Mutter zu weinen angefangen.

‚Was ist denn?‘ hab’ ich gefragt, ‚es ist doch alles gutgegangen. Es ist ein gesundes kleines Mädchen.‘

Die Mutter hat gesagt: ‚Morgen muß ich auf den Transport mit dem Kind. Ich weiß nicht, ob wir das überstehen. Ich bin katholisch. Das Kind ist nicht getauft.‘

Da hab’ ich dem Kind die Nottaufe gegeben. Die Polin hat ein Lied gesungen, die Großmutter hat Gebete gelallt, und ich hab’ das Kind auf die Namen Jelena Margarita getauft. Jelena hieß die Mutter, Margarita ich. Sie haben mich in Rußland immer Margarita Antonowna genannt.

Als Taufgeschenk hab’ ich dem kleinen Mädchen einen alten Fingerhut und eine Nähnadel gegeben, daß sie einmal eine gute Hausfrau wird, und als Kostbarstes das kleine Stück Seife, das noch von dem Einkauf des russischen Offiziers in Neunkirchen stammte.

Dann lagen wir alle fünf auf unseren Pritschen, und es war tiefer Friede.

Am anderen Morgen wurden die Mutter und das Kind auf einem Viehwagen abtransportiert. Ich hab’ sie nie wieder gesehen. Aber gehört hab’ ich von ihnen. Sie sind durchgekommen. In Potma sind sie in eine Baracke für Mütter mit neugeborenen Kindern gekommen, während ich in die Krankenbaracke mußte.

Übrigens, die Großmutter ist mit mir auf den Transport gekommen. In ein Arbeitslager statt in ein Invalidenlager.

62

Sehr gestaunt hab' ich, als ich drei Wochen später im Zentrallager in Potma von den Litauinnen begrüßt wurde, als hätte ich Geburtstag. Jede hat mir etwas schenken wollen. Es war das reinste Freudenfest.

‚Das ist Margarita, die unser Kind getauft hat.‘ Ich weiß nicht, wie sie es erfahren haben.

Sie werden denken: mein Gott, wie edel, hilfreich und gut. Eine verdreckte Großmutter füttern und waschen, einem Kind die Nottaufe geben . . .

Aber so war es.

So war es.“

DIE NORM

„Wie oft wurden Sie im Lager zum Baden geführt?"

„Einmal in der Woche. Das Bad war ein Holzhaus mit einem hölzernen Fußboden. Die Luft war dampfig von den großen Kesseln mit heißem Wasser. Es gab Kessel mit heißem und mit kaltem Wasser.

Jeder bekam einen kleinen Birkenbesen, wie in der finnischen Sauna, um die Haut damit zu durchbluten. Mit einem Schaff konnte man kaltes oder heißes oder gemischtes Wasser übergießen."

„Was haben Sie in Potma gearbeitet, und wie lang war die Arbeitszeit?"

„Zwölf Stunden am Tag bei einer halben Stunde Mittagspause. Bei Nachtschicht auch eine halbe Stunde Pause gegen Mitternacht und eine heiße Suppe. Zwischen zwei Wochen ein Ruhetag.

In Potma war eine Fabrik, in der gesteppte Jacken und Hosen genäht wurden. Wir saßen zu rund zwei Dutzend Arbeiterinnen in der Baracke, zum Teil an den Maschinen, zum Teil mit Handarbeit beschäftigt. Die Maschinen waren gebraucht und alt und streikten oft. Ein Mechaniker kam in Windeseile, demontierte, reparierte, montierte, während wir immer nervöser wurden: Die Norm, wir mußten die Norm schaffen, das heißt, die verlorene Zeit wieder aufholen!"

„Warum mußten Sie die Norm schaffen?"

„Weil wir sonst weniger zu essen bekamen. Wer im Akkord an der Nähmaschine arbeitete, erhielt täglich 600 Gramm Brot, je einen Teller Krautsuppe morgens und abends und drei Löffel Hirse- oder Buchweizenbrei, mittags auch etwas Fleisch. Was die einen mehr zu essen bekamen, mußte man den anderen abziehen."

„Welchen anderen? Was mußte man ihnen abziehen?"

„Das Lager erhielt täglich eine bestimmte Menge Lebensmittel. Wer nicht im Akkord arbeitete, bekam nur 200 Gramm Brot täglich und selten Fleisch. Ich habe zum Beispiel diese Ration bekommen, weil ich nicht die Nähte an der Maschine nähte, sondern nur die Fäden abgerissen, die Knopflöcher gemacht und die Knöpfe angenäht habe.

Der Lärm der alten Nähmaschinen in der Baracke war schlimm. Vorn war eine große Tafel, auf der man die Zahl der gefertigten Stücke ablesen konnte. Also: die 92. Hose, die 95. Jacke und so fort.

Ich habe Ihnen schon gesagt, daß Potma ein malariaverseuchtes Lager in einem Sumpfgebiet war. Wir haben versucht, gesund zu bleiben, aber es ist nicht vielen gelungen. Bei kleineren Übeln haben wir uns selbst geholfen. Mit Urin zum Beispiel. Wir wußten, daß es nichts Besseres gab bei offenen Verletzungen, bei Verstauchungen und Zerrungen. Manche haben ihn sogar getrunken, natürlich nur den eigenen, weil sie davon überzeugt waren, daß er gegen Herzschwäche half. Wissen Sie auch, daß Urin ein vorzügliches Flecklösemittel ist? Sehr schmutzige Wäsche, über Nacht in Urin eingeweicht und am anderen Tag gewaschen, wird wieder fleckenlos.

Die im Wald arbeiten mußten, haben wir oft beneidet. Sie brachten Spinnweben mit. Zwei verschiedene Arten. Wissen Sie, die um Sträucher und Zweige herumgesponnen sind, die sind gut für offene Wunden. Und die zwischen Zweigen und Sträuchern ausgespannt sind, die haben wir in kleine Brotkugeln geknetet und täglich dreimal drei davon gegessen gegen die Malaria. Wer Brot übrig hatte, konnte sich solche Spinnweben ‚kaufen‘.

Ja – ein knappes halbes Jahr war ich im Zentralkrankenlager in Potma. Dann wurde ich ins Invalidenlager in Potma transportiert. Das war im Sommer 1952. Dahin kamen alle Gefangenen, die zur Zwangsarbeit nicht mehr einzusetzen waren. Das heißt, daß noch genug schwere Arbeit blieb, mit der man auch die Invaliden nicht verschonte: Wasser tragen, Brunnen graben, Eisenbahnschienen verlegen.

Hier lernte ich Angela kennen, von der ich Ihnen schon erzählt habe. Sie hat mir das Leben gerettet. Als ich die schwere Rippenfell- und Nierenentzündung hatte und mit Verdacht auf Typhus todkrank war, hat sie es durchgesetzt, mich pflegen zu dürfen. Ohne sie hätte ich nicht überlebt.‘‘

Diesmal leiste ich mir einen Gedankensprung: ,,Weshalb sind Sie eigentlich verhaftet worden?‘‘

„Wegen Hilfe zum Vaterlandsverrat, wegen Wirtschaftsspionage und wegen Zugehörigkeit zur Weltbourgeoisie."

„Ich meine die Hintergründe. Kennen Sie die?"

„O ja. Es gab eine große Gruppe von Leuten, die die Planwirtschaft in Österreich nicht wollten. Ich war bei der Ausarbeitung des Marshallplanes für Österreich maßgeblich beteiligt, ich trat offen dafür ein, daß vor der Ankurbelung des Konsums die Förderung der Produktion stehen müsse, wenn wir nicht den gleichen Fehler wie 1918 machen wollten. Zuerst hieß es, der Produktion aufzuhelfen und die Arbeitsplätze zu sichern.

Mit dieser Haltung war ich vielen Glücksrittern im Wege, die gern Fabriken gebaut hätten, die womöglich morgen pleite waren, so wie nach dem Ersten Weltkrieg. Da ich in meiner Sektion auch die Kreditlenkungskommission hatte, die die Gelder für solche Vorhaben bewilligte, war ich vielen im Wege. Das schnellste und sicherste Mittel war zu dieser Zeit eine Denunziation."

KRIMINELLE

„In Lemberg wurden wir von Kriminellen bewacht. Der politische Gefangene steht in Rußland noch unter dem Kriminellen. Der politische Gefangene ist der letzte Mensch. Der Kriminelle ist immerhin noch ein Sowjet.

Wir waren auch oft genug mit Kriminellen in einer Zelle. Dann haben wir alle unsere Habseligkeiten nachts in einem Bündel unter unseren Kopf gelegt, weil sie sonst gestohlen worden wären. Hat aber einer nachts gespürt, daß man ihm das Bündel unter dem Kopf wegzog, dann hat er keinen Muckser getan, wenn ihm sein Leben lieb war.

In Potma waren die Politischen von den Kriminellen getrennt. Was die Kriminellen im Lager alles angestellt haben, das läßt sich nur teilweise schildern, weil es niemand glauben würde. Sie haben ja keine Chance, je im Leben wieder aus dem Lager herauszukommen. Also terrorisierten sie das Lager. Manche von ihnen waren wegen mehrfachen Mordes zu mehrmals fünfundzwanzig Jahren verurteilt worden. Das konnten sie in einem Leben gar nicht abbüßen. Der Rekord war achtzehn Morde. Achtzehn mal fünfundzwanzig Jahre Lager.

Die Todesstrafe gab es nicht.

Wie die Kriminellen sich aufgeführt haben, das hing natürlich viel von der Lagerleitung ab. Aber die haben sich meist nicht getraut aufzubegehren, weil sie sich sonst in Lebensgefahr begaben.

Die Kriminellen haben Karten gespielt um den Kopf des Lagerchefs. Wer verlor, mußte den Chef innerhalb von vierundzwanzig Stunden töten und seinen Kopf bringen. Hielt er sich nicht an die Abmachung, wurde er selbst niedergemacht.

Wenn es soweit war, daß es im Lager unhaltbar wurde und alles in ein Chaos auslief, fuhren Panzerzüge vor und holten die schlimmsten Kriminellen aus dem Lager. Sie wurden nach Kolomi transportiert, einem Ort auf dem sogenannten ‚Weißen Kreuz‘ in der Arktis.

Das war die Endstation ihres Lebens. Wenn das Lager beispielsweise vierhundert Kriminelle faßte, dann wurden nur für dreihundert Personen Lebensmittel zugeteilt. Jetzt kam es wieder darauf an, ob die Lagerleitung sich durchsetzte. Wenn ja, bekam jeder der vierhundert Kriminellen eine Tagesration, die zum Leben zuwenig und zum Sterben zuviel war. Sie reichte zum Vegetieren. War die Lagerleitung schwach, spielten sich furchtbare Szenen im täglichen Kampf um das Essen, also um das Überleben ab.

Aus diesem Lager auszubrechen, war unmöglich. Wer es versuchte, wurde niedergeschossen. Es wurde auch selten versucht.

Wohin fliehen?

Übrigens war immer dafür gesorgt, daß in den Lagern die Arbeitskräfte nicht ausgingen. Bei der hohen Todesrate gerade in dem malariaverseuchten Potma wäre das nur eine natürliche Entwicklung gewesen. Die hohen Ausfälle mußten ersetzt werden, denn die Gefangenen waren die billigsten Arbeitskräfte. Also fanden zweimal im Jahr Versammlungen der Lagerleitungen statt, auf denen Bilanz gezogen wurde. Nach dem Ergebnis dieser Bilanz setzten dann im Frühjahr und Herbst die Verhaftungswellen ein, die für Nachschub in den Lagern sorgten. Eine Handhabe gab's immer: Der Gummiparagraph ‚antisowjetisches Verhalten‘ genügte.

Wissen Sie, was das heißt, wenn Kinder sich von ihren Eltern lossagen?"

„Sie meinen mehr als die üblichen Spannungen zwischen den Generationen?"

„O ja." Sie deutet auf ein kleines Polster, das unter ihrem Kopf liegt.

„Das ist aus dem Lager. Ich habe dort eine Frau kennengelernt, die verurteilt worden war wegen ‚antisowjetischen Verhaltens‘.

Der Familie wurde in solchen Fällen freigestellt, sich von ihrem verurteilten Familienmitglied loszusagen.

‚Freigestellt‘ ist nicht ganz korrekt. Wenn der Mann auf seine Karriere nicht verzichten, die Kinder in ihrer Ausbildung nicht behindert sein wollten, blieb ihnen kaum etwas anderes übrig.

Die Frau hieß Reiha. Ihre Familie sagte sich von ihr los. Das heißt, daß sie die Frau und die Mutter von diesem Tag an vergessen mußten, sie nie wieder sehen und sprechen konnten. Die Frau hatte eine Tochter, die sich auch von ihrer Mutter losgesagt hatte.

Ich sah der Tochter sehr ähnlich. Deshalb schenkte mir die Frau das Kostbarste, was sie hatte, dieses Kissen, auf dem die Tochter als Kind gelegen ist.

Ich habe es immer bei mir.

Wegen dieses Geschenks, das ich in aller Arglosigkeit annahm, kam ich in den Verdacht, lesbische Beziehungen zu der Frau zu haben.

‚Da geht sie, die Stute‘, hörte ich die Mitgefangenen sagen. Ich wußte damals noch gar nicht, daß es das gab und was das war. Erst nach längerer Gefangenschaft erfuhr ich, wie viele Lesbierinnen es im Lager gab.“

Ich gehe mit dem Foto der Wotruba-Kirche hausieren. In der Pension komme ich mit ein paar Gästen ins Gespräch (genauer gesagt: sie mit mir).

Interessierte Menschen, sehr belesen, sehr wortgewandt, schlagfertig, eine Mischung aus cleveren Geschäftsleuten und Naturfreunden. Sie haben ein Flugzeug und Autos und schwimmen und wandern, fahren Ski und sind mit der Einfachheit gekleidet, die begüterte Leute ausweist. Sie lesen Adorno und Canetti – beide gründlich. Das kommt schnell auf im Gespräch.

Die werden begeistert sein von der Wotruba-Kirche, denke ich. Ich gehe eigens auf mein Zimmer, um das Foto zu holen, und lege es auf den Tisch.

Das Befremden ist groß und ehrlich.

Das soll eine Kirche sein? Wo denn? Sie sehen das Foto an und schieben es mit großer Entschiedenheit weg. Einer in der Runde, er hat's nicht mit der Religion, sieht zum Fenster hinaus, zeigt auf die verschneiten Berge und sagt: „Da stehen unsere Dome.“

„Ich seh' nur Berge“, sagte ich, „und daß Sie überhaupt diesen Vergleich wählen konnten, setzt den Bau von Domen, von Kirchen voraus.“

„Aber nicht solche“, sagt er.

Meine Überraschung ist genau so groß wie ihre Abneigung.

Am anderen Tag zeige ich das Foto einer jungen Karmelitin.

Sie ist mir im Krankenhaus aufgefallen, wo sie viertelstundenlang im Gang an den Fenstern steht, die Hände unter dem Skapulier verborgen, und hinaussieht.

Wir sind kurz ins Gespräch gekommen. Sie heißt Maria Magdalena. Ihr Gesicht ist von einer Heiterkeit, die ihr ganzes Wesen zu erfüllen scheint und in den Augen ausbricht. Diese Heiterkeit ist von einer solchen Intensität, daß ich mich nicht gewundert hätte, wenn sie als Leuchten sichtbar geworden wäre.

Die Karmelitin sieht das Foto lange an. Ihr sonst immer lachendes Gesicht ist von einem Ernst, wie die bäuerlichen Marien in ländlichen Kapellen ihn zeigen. (Sie stammt aus einer Bauernfamilie.)

Sie sagt: ,,Das ist schön.``

Sie sieht das Bild immer noch an.

,,Wie zerschlagen das alles ist. Wie das Chaos in ein Zentrum führt: nach innen. Anders kann man wohl in unserer Zeit gar nicht bauen.``

Diese beiden Meinungen, die jeweils so anders ausfielen, als ich sie erwartet hatte, waren die ersten, die ich zur Wotruba-Kirche hörte.

DIE WOTRUBA-KIRCHE

„Das Lager in Rußland war eine Gnade für mich."

„Das können Sie sagen, nach all dem, was Sie in diesen sieben Jahren erlebt haben?"

„Jetzt reden wir von zwei verschiedenen Gebieten. Das darf man nicht verwechseln. Ich weiß aus Erfahrung, wie entsetzlich dieses Regime ist, daß es die Menschen bis in ihr Privatleben hinein verfolgt und knechtet, daß sie bei Tag und Nacht in Angst leben.

Als wir im Lager über das System sprachen, hat ein alter Russe zu mir gesagt: ‚Stellen Sie sich ein großes Netz vor. Jeder Sowjetbürger hat seinen Kopf in einer Masche. Aber das Netz ist nicht geknüpft. Wenn einer sich bewegt, würgt es ihn und die anderen. Sobald das Netz angezogen wird, werden alle in Mitleidenschaft gezogen, leiden alle.'

Ich sag's noch einmal und werde es immer wieder sagen: Die sieben Jahre im Lager – das war mein Weg zu Gott.

Denken Sie an den Traum, den ich mit neun Jahren in Steinbach hatte. Den Traum, in dem ein Richter mich zum Tode verurteilte. Nicht das Kind, das ich war, als ich träumte, sondern die ‚Frau Dr. Margarethe Ottillinger', die ich werden wollte und die ich zwanzig Jahre später war. Als ich den Traum träumte, wußte ich nicht, weshalb ich verurteilt wurde. Zwanzig Jahre später konnte ich ihn deuten. Ich war wegen Unmenschlichkeit verurteilt worden."

„Ich verstehe Sie nicht."

„Sie werden mich gleich verstehen.

Das war in Wien. Ich war achtundzwanzig Jahre jung. Chefin der Planungssektion, auf der Spitze einer steilen Karriere. Der Minister hatte nach dem Kohleplan gefragt. Ich bestellte den zuständigen Ministerialrat zu mir, einen alten Herrn.

‚Wir brauchen sofort den Kohleplan.'

Der alte Herr bedauerte. Das ginge nicht. Es müßten noch verschiedene vorbereitende Arbeitspläne erstellt werden.

‚Das interessiert mich nicht‘, unterbrach ich ihn, ‚ich brauche den Kohleplan sofort.‘

Ich sehe den alten Mann noch, wie er bestürzt aus meinem Zimmer ging.

In Rußland fiel mir die Szene ein. Wir sortierten auf einem Acker Kartoffeln in drei Körbe: kleine, mittlere und große. Meine Gelenke waren damals schon krank, dick aufgeschwollen und schmerzend bei der kleinsten Bewegung.

Die Aufseherin bleibt bei mir stehen. ‚Warum arbeitest du nicht schneller?‘

‚Ich kann nicht‘, sag’ ich und zeig’ ihr meine Gelenke.

‚Das interessiert mich nicht‘, sagt sie, ‚du mußt deine Arbeit machen‘, und geht weiter.

Ich bin vor den Körben gehockt und hab’ an den alten Ministerialrat gedacht.

Wissen Sie, was Reue ist? Eine richtige Reue, die innen so weh tut, daß man meint, man hält’s nicht aus.

Wie ich da hock’, kommt eine Ukrainerin zu mir. Die Ukrainerinnen haben im Lager ganz selten etwas geteilt oder gar verschenkt oder jemandem geholfen.

Sie hockt sich neben mich und sagt: ‚Ich hab’ meine Norm schon erfüllt. Ich helf’ dir.‘

So könnt’ ich Ihnen Dutzende von Beispielen erzählen, wo ich durch Eitelkeit, Ehrgeiz, Übereifer, jung und aktiv, wie ich war, menschlich versagt habe, ohne es zu bemerken.

Und ich könnte Ihnen Dutzende von Beispielen sagen, wo ich im Lager bei Begegnungen mit Alten, Kranken, Verrückten und Kindern eine Lehre erhalten habe, wo ich wie bei einer Rückblende in frühere Erlebnisse begriffen habe: Du hast nicht menschlich gehandelt.

Deshalb sage ich, daß Rußland eine Gnade für mich war. Mir graust davor, wenn ich daran denke, wie meine menschliche Entwicklung ohne diese Lehre verlaufen wäre.

Vor der Gefangenschaft war Gott weit weg von mir. Ich hab’ ihn zu sehr verquickt mit der Kirche, die ja auch nur aus Menschen besteht, also unzulänglich sein muß.

Inzwischen habe ich gelernt, daß auch die mangelhafte Institution Kirche besser ist als keine. Ist's nicht diese, wird's eine andere Institution sein, die wieder in die menschliche Unvollkommenheit fällt.

In Rußland hab' ich gelernt, daß man tolerant, daß man gut sein soll, weil man selbst immer wieder in Situationen gerät, in denen man Toleranz, Güte und Hilfe braucht.

In Rußland hab' ich gesagt ,mein Gott' – ohne ihn deshalb pachten zu wollen, wie mir heute mitunter aus Unwissenheit oder Dummheit vorgeworfen wird.

Was hätt' ich denn sonst sagen sollen? Damit nahm ich Gott ja niemand anderem weg und beanspruchte ihn nicht nur für mich.

Ich betete und bete zu ihm wie Millionen andere. Habe ich nicht das gleiche Recht wie die anderen? Man muß für Gott ein Zeugnis ablegen. Wenn man eine gewisse Macht hat, soll man sie dafür nützen, dieses Zeugnis abzulegen. So kann man all den Gleichgültigen ein Beispiel geben.

Darum habe ich diese Kirche gebaut.

Ich wollte damit Gott dienen und den Menschen zeigen, daß auch in unserer Zeit noch Dome gebaut werden können.

Dome unserer Zeit.

Ich habe sie mit vielen Opfern gebaut. Opfern an Gesundheit, Zeit und Geld.

Für mich war es die Frage: Bin ich es wert, daß mir das Werk gelingt?

Und es sah oft so aus, als sollte es nicht gelingen. Jedesmal, wenn es nicht weitergegangen ist, war es nicht meine erste Sorge, daß der Bau nicht weiterging. Es war mein inneres Problem.

Die Kirche steht.

Mit diesem Werk habe ich das letzte sichtbare Zeichen gesetzt. Eines Tages werde ich in die Anonymität zurückkehren. In meinem letzten Lebensabschnitt wird man nichts mehr von mir hören. Ich werde, wie viele Millionen Menschen, den Menschen dienen. Nicht w i r wirken etwas in Gottes Augen, sondern E R legt seinen Wertmaßstab an. Da zählt kein Kirchenbau. Die Kirche ist ,bei Gott' nicht gebaut worden, um mich zu rühmen.

Wenn ich von Gott spreche, so halte ich es für meine Pflicht in einer Welt der Gleichgültigkeit.

Ich hätte ja nicht zurückkommen können. Ich b i n aber zurückgekommen.

Die frühere Ottillinger ist ausgebrannt. Von Vollkommenheit ist nicht die Rede. Ich mache sicher wieder andere Fehler, aber ich bin aufmerksamer geworden und bemühe mich, sie zu vermeiden.

Zwölf Jahre ist das jetzt her. 1964 hatte ich zum erstenmal den Gedanken, die Kirche zu bauen. Das erste Projekt, eine Karmel-Kirche zu bauen, ist gescheitert. Als ich an die Verwirklichung des Planes ging, haben mich viele gefragt: ‚Warum tun Sie sich das an?‘

Ich hab's tun müssen.

Jetzt, wo sie steht, leide ich mitunter mehr als früher. Sie hat mich so viele Kräfte gekostet und so viele Menschen, die mich während dieser Zeit im Stich gelassen haben. Ich war im Geschirr wie ein Pferd. Schlimmer als in Rußland, wo ich oft wirklich ein Pferd war, das einen Wagen ziehen mußte. Nicht allein. Sieben Frauen waren ein Pferd. Aber ich war das Leitpferd. Das hat's am schwersten, weil es immer ziehen muß, sonst sehen die Wächter, daß das Seil durchhängt. Die anderen Frauen, die neben der Deichsel gingen, konnten auch einmal auslassen, ohne daß es bemerkt wurde.

Als der Kirchenbau mir keine Ruhe mehr ließ, bin ich zu Fritz Wotruba gegangen.‘‘

„Wie sind Sie auf Wotruba gekommen?‘‘

„Durch Prälat Ungar. Ich wußte, daß oft Beträge für die Caritas gespendet werden, die ausschließlich für Kirchenbauten verwendet werden dürfen. Ich hab ihn gebeten, an mich zu denken. Er hat gefragt, ob ich schon einen Architekten hätte. Ich hatte noch keinen. Da hat er Fritz Wotruba vorgeschlagen.

‚Ich —?‘ hat der Wotruba gesagt, ‚eine Kirche?‘

„Wie sind Sie darauf gekommen, zu einem Bildhauer zu gehen statt zu einem Architekten?‘‘

Sie zuckt die Schultern. „Und warum nicht? Ist das absurd?‘‘

„Nein‘‘, sage ich, „denken Sie an den Dom in Florenz, wie viele Künstler an dem gebaut haben: Pisano, Brunelleschi, Giotto, oder an St. Peter in Rom, an Michelangelo. Künstler haben die Kirchen gebaut, die wir heute noch bewundern.‘‘

„Eben", sagt sie.

„Außerdem hatt' ich noch einen anderen Gedanken: Wenn Wotruba die Kirche baut, dann ist das ein Werk für die Allgemeinheit und nicht nur für ein paar Menschen, die genug Geld haben, um sich seine Arbeiten zu kaufen.

Da saßen wir, der Wotruba und ich, in der Böcklinstraße. Im Kalender stand das Jahr 1964. Ein Tonband hätt' man laufen lassen sollen.

Zuerst war unsere Begegnung wie im Boxring, wo die Gegner einander abtasten. Aber es kam nicht zum Schlagwechsel, weil wir von Anfang an keine Gegner waren, auch wenn es manchmal hart auf hart ging.

Wir hatten endlose Gespräche, aber keine Differenzen. ,Wie soll denn die Kirche aussehen?' hat Wotruba gefragt. Ich hab' gesagt: ,Drei Voraussetzungen soll sie erfüllen. Alles andere ist Ihre Sache.

Erstens: Wenn man vor ihr steht, muß man geschockt sein, damit man sich überhaupt mit ihr befaßt. Wer geschockt ist, ist schon nicht mehr gleichgültig.

Zweitens: Innen soll sie licht sein, damit man sich zu Gott erheben kann.

Drittens: Sie soll schon von weitem aussehen wie eine nicht zu erschütternde Burg. Wie ein Bollwerk."

„Ein Bollwerk wogegen?"

„Ich hab's schon gesagt: gegen die Gleichgültigkeit der Menschen. Wotruba hat mir übrigens später gesagt, daß er als Kind oft vor dem Stephansdom gestanden ist und sich gewünscht hat: Wenn ich groß bin, möcht' ich eine Kirche bauen.

Die Peterskirche in Rom steht auf dem Platz, wo Nero in seinem Zirkus die Christen zu Tode martern ließ. Die Wotruba-Kirche steht auf dem Boden einer ehemaligen Flak-Kaserne, von wo der Tod in den Himmel geschossen wurde."

„Wie lange haben Sie an der Kirche gebaut?"

„Alles in allem zwölf Jahre. 1964 hatten wir die ersten Besprechungen, im August 1974 begannen die Bauarbeiten, am 24. Oktober 1976 ist sie eingeweiht worden."

„Eine lange Zeit."

„Eine kurze Zeit. Denken Sie doch an die Jahrzehnte, an die

Jahrhunderte, in denen die Dome vergangener Zeiten gebaut wurden."

„Das ist wahr. Aber gemessen an einem menschlichen Leben ist es eine lange Zeit."

„Ich kann's noch immer nicht glauben, daß wir's geschafft haben. Wenn ich hinaufgeh' in die Kirche, und sie steht vor mir, dann zweifle ich an der Wirklichkeit."

KEIN GESPRÄCH

„Oh, mein prophetisches Gemüt": überhaupt kein Gespräch.

Wir sehen uns nach einem Vierteljahr wieder, das erste Mal in ihrem Alltag.

MO kommt aus der ÖMV. Sie holt mich am Bahnhof ab. Ich wohne in ihrer Garçonnière. Sie bringt mich hin, gibt mir die Schlüssel, erklärt mir alles, muß wieder weg. „Ich komme nachher für zwei Stunden."

Sie fährt in die ÖMV.

Ich packe aus, richte mich ein. Äußerlich wären die Voraussetzungen günstig. Für mich, nicht für sie. Ich wußte schon in Schruns, daß „die schönen Tage", einmal vorüber, sich anderswo unter anderen Bedingungen nicht wiederholen würden.

Mich kennt niemand in Wien. Ich habe ein Zimmer und einen Schreibtisch und könnte arbeiten. Deshalb bin ich gekommen.

Sie kommt aus ihrem Alltag. In Eile. Blättert in ihrem Terminkalender. Es hat Ärger gegeben mit der Kirche. Am 22. April wäre Fritz Wotruba siebzig Jahre alt geworden. Die Weihe der Wotruba-Kirche in Mauer liegt sechs Monate zurück. Sie hat eine Gemeinde. Jeden Sonntag versammeln sich viele Gläubige. An hohen kirchlichen Feiertagen ist sie überfüllt. Die drohende Gefahr der Verbauung ist gebannt.

Warum Ärger?

„Kleinigkeiten", sagt MO, „aber sie gehen an die Nerven. Plötzlich sind tausend kleine Wotrubas da, die alles besser wissen. Das geht von der Bestuhlung über die Opferstöcke bis zu den Türschnallen. Die kleinen Wotrubas wissen plötzlich genau, wie Fritz Wotruba das haben wollte. Es ist zum Aus-der-Haut-Fahren."

Wir sprechen zwei Stunden miteinander. Das Gespräch ist zäh, zum ersten Mal. Sie erzählt Episoden aus ihrer beruflichen Laufbahn. Unwesentlich.

Wesentlich ist Rußland. Ich frage mich, ob es danach jemals wieder Wesentliches für sie gegeben hat.

Als sie gegangen ist, denke ich an ihren Terminkalender, den sie auf den Knien gehalten hat. Wir haben für die Wien-Woche gewissenhaft die Termine ausgemacht. Es war schwer, in die eng bekritzelten Seiten täglich zwei Stunden hineinzupressen.

Was wird das für eine Woche werden?

Ich will arbeiten.

Aber werde ich sie hier in den Griff bekommen? Kann sie es sich überhaupt leisten, zwischen den verschiedenen Besprechungen, Sitzungen, Besichtigungen auszusteigen, unterzutauchen in Wesentliches?

EINE KARRIERE

Allenfalls eine Zerreißprobe, keinesfalls aber ein Mißerfolg. Schon deshalb, weil ich entschlossen bin, es zu keinem Mißerfolg kommen zu lassen. Ich erwarte MO ruhig und konzentriert. Sie reagiert sofort. Wir sind wieder mittendrin.

„Warum eigentlich Eisen, Stahl und Erdöl? Bei aller Gleichberechtigung, aber das ist doch ungewöhnlich für eine Frau."

„Vergessen Sie nicht, woher ich komme. Aus Steinbach. Einem Dorf mit zehn Häusern. Mein Hunger nach Macht war unbändig, als ich jung war. Keine Macht nach Unterdrückung anderer, keine Diktatur, das nicht.

Macht in Verbindung mit Weite, mit Außergewöhnlichem. Die Macht, die von Eisen und Stahl ausgeht, hat mich fasziniert, noch ehe ich etwas von der Materie wußte. Sind Sie schon einmal an einem Hochofen gestanden?"

„Nein."

„Wenn der Abstich kommt, diese Kraft, die da frei wird und gebändigt werden muß. Da fällt einem Prometheus ein, wie er der Menschheit das Feuer gebracht hat, das den Göttern gehörte, und daß er dafür leiden mußte. Auch das Erdöl hat mich als jungen Menschen schon beschäftigt. Ich verschaffte mir Bücher, las, wie eine Welt hektisch nach Gold suchte, und wurde beim Lesen von der gleichen Hektik ergriffen. Vielleicht ist Macht nicht genau das richtige Wort für das, was ich meine."

„Versuchen Sie, genau zu sagen, was Sie meinen."

Sie denkt nach.

„Es war der Wunsch, nicht im Alltäglichen dahinzuvegetieren, sondern an der Spitze zu stehen, wie ein Mann Verantwortung zu tragen und arbeiten zu können."

„Ihre Wünsche sind in Erfüllung gegangen?"

„Ja. Auch der sogenannte Zufall hat eine Rolle gespielt. Ich hatte Ihnen erzählt, daß ich bei einer Speditionsfirma arbeitete. Das war im Jahre 1939.

Die Eisenindustrie war ein noch unverwirklichter Wunsch. Auf einer Bahnfahrt von Judenburg nach Salzburg kam ich mit ein paar Fahrgästen ins Gespräch. Ich sagte, daß ich gern in der Eisenindustrie arbeiten würde. Ein Arzt sagte, daß er mir vielleicht helfen könne, denn er hatte einen Freund, der damals der zuständige Mann in der Eisenindustrie war. Ich habe diese Äußerung im Zug natürlich nicht ernst genommen und war sehr überrascht, als ich eines Tages von der Reichsvereinigung Eisen in Wien eingeladen wurde, mich vorzustellen.''

,,Was war das, diese ‚Reichsvereinigung Eisen'?''

,,Eine deutsche Einrichtung, in der die gesamte Schwerindustrie zusammengefaßt war.

Ja – am Ende des Gesprächs sagte der Geschäftsführer: ‚Sie können bei uns als wissenschaftliche Mitarbeiterin anfangen.'''

,,Konnten Sie so leicht die Stellung wechseln?''

,,Natürlich nicht. Schon deshalb, weil man mich in meinem Betrieb, in dem ich arbeitete, nicht gehen lassen wollte. Eisen und Stahl hatte aber Vorrang. Man mußte mich freigeben.''

,,Sie waren also ‚an der Macht' – durch Protektion.''

,,Ich wußte, daß Sie das sagen würden, und hab' es mir damals selbst gesagt. Was sollte ich machen? An der Tatsache, daß ich eine Frau war, konnte ich nichts ändern. Wohl aber an meinem Äußeren. Sie machen sich keine Vorstellung, wie ich zur Arbeit erschienen bin.

In langen, unförmigen und tristen Säcken, die den Namen Kleid nicht verdienten, die Haare streng gescheitelt, glatt an den Kopf geklebt und am Hinterkopf zu einem Knoten gedreht. Ich wollte Karriere machen wie ein Mann, ohne Hilfestellung und Protektion, nur durch mein Wissen, Wollen, meine Energie und Zähigkeit. Schließlich hatte ich durch die Selbstfinanzierung und den Abschluß meines Studiums schon einiges geleistet. Aber das sollte nur der Anfang sein. Meine Arbeit sollte man schätzen, weiter nichts. Ich habe also gearbeitet. Und das wurde bemerkt.''

,,Was? Ihre betonte Unweiblichkeit oder Ihre Arbeit?''

,,Beides. Warten Sie nur.

Anfang der vierziger Jahre, als es mit dem Krieg nicht mehr so blitz-siegreich aussah wie zu Anfang, drohte auch dem Geschäftsführer die Einberufung.

In einer Sitzung, die die Chefs der Stahlindustrie einberiefen, sagte einer der Stahlbosse:

‚Die Ottillinger könnt' das ja machen – wenn s' nur net so schiach wär'.‘

Sie haben mich trotzdem in der gleichen Sitzung zum stellvertretenden Geschäftsführer ernannt. An diesem Abend hab' ich in Steinbach zur Mutter gesagt: ‚Jetzt bin ich stellvertretender Geschäftsführer. Jetzt kann ich mich verwandeln.‘"

„Vom häßlichen jungen Entlein in den schönen Schwan?"

Sie nickt, als mache sie sich ein wenig über sich lustig.

„Ja. Die Reichsvereinigung Eisen hat jedes Jahr in einem anderen Ort eine wichtige Tagung abgehalten. Das stand kurz vor der Tür. Ich ließ mir Dauerwellen machen, kaufte ein schickes Kleid, Schuhe, Handtasche. Als ich auf der Tagung erschien, fragte einer der Herren, der mich gut kannte, mit ausgesuchter Höflichkeit: ‚Sie wünschen, bitte?‘

‚Ich komme zur Tagung‘, sagte ich und genoß das Staunen der Herren, die dem Entchen die Verwandlung nicht glauben wollten. Der nicht auf der Tagesordnung stehende Antrag eines Herrn, mich wieder ‚wegen sträflicher Untertreibung‘ abzusetzen, ging nicht durch.

Wenn Sie glauben, daß ich damals, nach meiner Verwandlung, keine beruflichen oder menschlichen Schwierigkeiten gehabt hätte, dann täuschen Sie sich. Männer sind immer empfindlich, wenn sie eine Kollegin neben sich haben, die etwas von der Materie versteht und Freude an der Arbeit hat.

Gegen Ende des Krieges wäre man mich gern losgeworden, denn solange es einen Stellvertreter gab, bestand für den eigentlichen Geschäftsführer mehr und mehr die Gefahr der Einberufung. Man hat versucht, mich zu verheiraten, man hat versucht, mich zu kompromittieren, man hat versucht, mich zu verleumden, man hat es auf alle Arten versucht. Als das ganze Theater durchgespielt war, befand ich mich noch immer auf meinem Posten. Ich hab' mich nicht kleinkriegen lassen.

Nach Kriegsende wurde ich Geschäftsführer des Fachverbandes der eisenschaffenden Industrie der Bundeskammer der gewerblichen Wirtschaft. Ich war Fachverbandssekretär."

„Entsetzlich."

„Was?"

„Das geht auf keine Visitenkarte. Waren Sie noch immer von Macht besessen?"

„Ich kannte ja nichts anderes als meine Arbeit. Eines habe ich damals schon gespürt, und das Gefühl wurde immer stärker: daß viele Männer es als eine Schande, als einen Fleck auf ihrer weißen Beamtenweste empfinden, wenn eine so junge Frau eine Sektion leitet."

„Welche Sektion?"

„Bei der Inbetriebnahme eines neuen Hochofens bin ich dem Minister für Vermögenssicherung und Wirtschaftsplanung begegnet. Nach Absprache mit dem damaligen Bundeskammerpräsidenten Raab wurde ich als Konsulent für Wirtschaftsfragen in das Ministerium für Vermögenssicherung und Wirtschaftsplanung delegiert.

Ich fand hier die gleiche Situation wie früher. Eine Welt, in der ich mich als Frau durchsetzen und behaupten mußte."

„Nicht mehr als häßliches junges Entlein?"

„Nein. Eine Rückverwandlung wäre albern gewesen. Man soll sich nicht wiederholen.

Einmal hab' ich einen Sektionschef des Ministeriums gefragt: ‚Ich arbeite doch nur, warum habe ich Feinde?'

‚Menschlich ist niemand gegen Sie', hat er gesagt, ‚nur – Sie sind zu tüchtig.'

In einer Sitzung, in der es um schwerwiegende Fragen und Entscheidungen ging – ich hatte mich bis zu diesem Zeitpunkt noch zurückgehalten –, fragte der Vorsitzende spöttisch: ‚Wann fängt denn eigentlich der Sopran in unserem Konzert zu singen an?'

Ich sagte: ‚Wenn die Instrumente richtig aufeinander abgestimmt sind.'"

„Waren Sie immer so schlagfertig?"

„Nein. Das muß man lernen. Jedenfalls hatte ich von diesem Augenblick an Sitz und Stimme."

„Und heute?"

„Heute ist das alles noch genau so. Ich meine die Arbeit. Auch der Neid auf meine Stellung. Aber das ist nicht wesentlich."

„Sondern?"

„Dazwischen liegt Rußland. Ich weiß heute, was Demut ist. Ohne Rußland wäre ich der Macht verfallen. Der Macht, der Ehre und dem Reichtum."

„Wissen Sie, daß Sie auch Glück gehabt haben?"

„Was meinen Sie?"

„Sie hätten auch ganz anders aus Rußland wiederkommen können: hart, verbittert, rachsüchtig."

„Das ist kein Glück, wie Sie es nennen. Das ist Gnade. Ich bin geführt worden."

Tatsächlich habe ich in all unseren Gesprächen nicht ein einziges Mal einen rachsüchtigen Unterton mitklingen gehört, nie einen Triumph, wenn einer ihrer Quäler vom Schicksal eingeholt wurde.

Als könnte sie Gedanken lesen, sagt sie unvermittelt: „Da war ein Untersuchungsrichter im Gefängnis in Baden. Er sah immer so zum Erbarmen schlecht aus. Er muß krank gewesen sein. Ich gäbe was drum, wenn ich wüßte, wie es ihm ergangen ist."

Wenn sie so etwas sagt, ist es mitunter schwer, sie in die Gegenwart zurückzuholen. Sie ist weit weg mit ihren Blicken, Gedanken, Gefühlen. Man möchte sie dort lassen, als wäre dort ihr eigentliches Leben und hier nur eine Kulisse, vor der sie ihre Rolle spielt, um sich am Abend abzuschminken und todmüde und sehr allein nach Hause zu fahren.

Diesmal hole ich sie nicht zurück. Lasse sie in Rußland. Sie liegt auf einem Diwan ihrer Garçonnière in Wien und sieht zum Fenster hinaus. Hier, im fünften Stock, ist das Fenster voll Himmel. Ein gleichgültiger, eintöniger Himmel, wie angestrichen mit einer graublauen Farbe.

Sie liegt auf der Pritsche ihrer Zelle im Gefängnis in Moskau, die sie mit fünf Gefangenen teilt.

Es ist kurz vor Weihnachten 1953.

„Eines Tages fliegt die Zellentür auf: ‚Ottillinger, packen Sie Ihre Sachen. Sie kommen weg.‘

Es hieß immer nur ‚weg‘. Wohin, das wußten wir nie. Die Aufregung in der Zelle war unbeschreiblich. Taissa, trotz ihrer Haft eine überzeugte Kommunistin, sagte beim Abschied: ‚Ich habe viel von Ihnen gelernt. Sie haben in mir einen Menschen kennengelernt, der seiner Überzeugung treu bleiben muß. Tragen Sie meinem Land nicht nach, was Sie hier gelitten haben.'

Weg kam ich schon, aber nur in eine andere Zelle, in der nur österreichische Gefangene waren. Wer von einem ordentlichen Gericht verurteilt worden war, durfte nach Hause schreiben. Ich nicht, denn ich war von einem Sondergericht verurteilt worden. Die ersten Pakete mit Lebensmitteln aus Österreich trafen in unserer Zelle ein. Nicht für mich. Ich dachte an meine Mutter, die noch immer nichts von mir wußte.

In diese Zeit fiel die Verhaftung Berijas, von der wir erfuhren. Der Gewaltige, vor dem Tausende gezittert hatten, saß nun selbst in einer Zelle, in der gleichen Lubjanka, die ich so gut kannte. Er soll um Gnade gebettelt haben, um fünfundzwanzig Jahre Zwangsarbeit.

Er wurde zum Tode verurteilt und am 23. Dezember 1953 erschossen.

Manche sagten: Hätten sie ihn nur in ein Arbeitslager geschickt. So eine kurze Haft, so ein schneller Tod, was ist das für eine Strafe?

Die Tore in die Freiheit blieben geschlossen, aber die Verhältnisse in den Gefängnissen änderten sich. Wir hatten den Eindruck, daß unsere Wächter sich unsicher fühlten. Sie fingen an, sich für uns zu interessieren, sprachen mit uns.

Wieder ein Jahr in der Zelle. Die Berliner Verhandlungen, auf die wir unsere Hoffnung gesetzt hatten, waren gescheitert.

Weihnachten 1954 stand im Kalender. Am Sonntag, dem 15. Mai 1955, wurde in Wien der Österreichische Staatsvertrag unterzeichnet. Kurz darauf lasen wir in der Zeitung den Beschluß des Obersten Sowjets, alle österreichischen Gefangenen zu amnestieren, diejenigen Personen ausgenommen, denen in den letzten zwei Jahren Spionage nachgewiesen worden war.

Ich erhob sofort Protest gegen die Amnestie und erklärte der zuständigen Kommission, daß nur ein rechtskräftig für schuldig befundener Verurteilter amnestiert werden könne.

‚Das geht uns nichts an', wurde mir gesagt, ‚Sie können Ihre Beschwerde ja weiter aufrechterhalten.'

Das war im Wladimir-Polit-Isolator, dem letzten Gefängnis vor meiner Heimkehr. Ich war zu dieser Zeit schwer krank. Zu der Krankheit kam die furchtbare Angst, der letzte Transport könnte ohne mich abfahren. Die Ärztin versprach mir, daß ich auf einer Tragbahre zum Transport gebracht werden würde.

Drei Monate vor meiner Heimkehr habe ich die erste Karte nach Hause schreiben dürfen und habe auch Antwort bekommen. Wie das war, als ich das erste Lebenszeichen von daheim in den Händen hielt, das werde ich nie vergessen.

Auf Lastwagen fuhren wir zur Bahnstation, ich auf einer Tragbahre. Ich hatte noch immer Fieber. Im Zug kamen wir, zum ersten Mal seit sieben Jahren, nicht mehr in Gefangenenwaggons, sondern in normale Personenwagen mit Liegebetten.

Wir fuhren durch die Nacht nach Moskau. Die Begleitmannschaften hatten keine Gewehre.

In Moskau wurden wir in einen Expreßzug mit Speisewagen gebracht, ein unerhörter Luxus für uns 186 Heimkehrer.

Am 5. November 1948 war ich auf der Ennsbrücke gefangengenommen worden.

Am 25. Juni 1955 lief unser Zug in Wiener Neustadt ein. Meine Familie wartete auf mich.''

Ich stehe auf, öffne das Fenster und koche uns in der Kochnische zwei Tassen Tee.

Nach einer längeren Pause erzählt sie weiter. ,,Sobald es mir etwas besser ging, verfaßte ich eine neue Eingabe. Ein Jahr später erst, im Juli 1956, erhielt ich von der sowjetischen Gesandtschaft in Wien den positiven Bescheid meiner Eingabe. Das heißt mit anderen Worten, daß ich sieben Jahre lang nicht umsonst gekämpft hatte. Ich habe diesen sowjetamtlichen Bescheid sofort faksimiliert in der österreichischen Presse erscheinen lassen. Darin steht zu lesen:

,An die Bürgerin Ottillinger Margarethe. Auf Grund einer uns von kompetenter sowjetischer Regierungsstelle zugekommenen Nachricht bringen wir Ihnen zur Kenntnis, daß durch Beschluß des Präsidiums des Obersten Sowjet der UdSSR Ihre Verurteilung für null und nichtig erklärt wurde.' Ein Fehlurteil.''

Sie hat mit monotoner Stimme gesprochen. Jetzt verfällt sie in ihren gewohnten Erzählton, steigt in die Gegenwart ein: ihre Arbeit.

Ich frage: „Haben Sie eigentlich auch mit Menschen zu tun in Ihrem Beruf?"

Sie lächelt. Sie hat gut verstanden.

„Unter anderem bin ich für das Ressort ‚Personal' verantwortlich. Das sind Tausende von Menschen."

„Auch Feste und Geburtstage?"

„Natürlich. Nikolo-, Muttertags- und Jubilarenfeiern. Totengedenken . . ."

„Kommt das oft vor?"

„Nein. Die technischen Sicherheitsvorrichtungen werden immer perfekter. Oft trägt menschliches Versagen die Schuld, und zwar immer gerade bei einer Arbeit, die man ‚im Schlaf' beherrscht. Hunderte von Malen hat man einen Handgriff richtig ausgeführt. Plötzlich tut man etwas Falsches. Einmal wurde ein ganzer Wagen mit sieben Menschen in die Luft gesprengt."

„Wie kam das?"

„Wenn man das Vorkommen von Öl feststellen will, macht man geophysikalische Untersuchungen. Man legt Sprengkapseln in die Erde und zündet sie vom Sprengwagen aus. Die durch die Erde laufenden Wellenbewegungen werden im Wagen aufgezeichnet und lassen die Bodenformationen erkennen, die auf Erdöl oder Gas schließen lassen. Bei der Auslösung der Sprengung ist damals ein Fehler begangen worden. Der Wagen flog mit sieben Männern in die Luft.

Bei den Trauerfeiern mußte ich im Namen des Vorstandes der ÖMV sprechen. Das war schwer. Damals ging hinter einem der Särge ein Mädchen im Brautkleid. Sie hatte in wenigen Tagen heiraten wollen."

Sie sieht auf.

„Ich bin sehr einsam."

„Sie haben es schon als Kind geübt."

„Ich wußte damals noch nicht, wie schwer es ist."

„Haben Sie immer genug Kraft für die Menschen, die zu Ihnen kommen?"

„Ich habe sie, weil ich sie brauche."

Sie verbessert sich: „Ich bekomme sie, weil ich sie brauche und darum bitte. Die Menschen sehnen sich nach Geborgenheit und Liebe. Alle."

„Und Sie selbst?"

„In dieser Welt gehör' ich nirgends hin. Und doch muß ich in ihr sein und arbeiten."

„Sie haben, äußerlich gesehen, ein beneidenswertes Leben."

„Ja, aber ich habe seit Rußland eine andere Wertskala. Es freut mich nicht so, wie es mich früher gefreut hätte. Außerdem ist da diese Angst, diese entsetzliche Angst, daß es plötzlich wieder so sein könnte, wie ich es erlebt habe. Wie ich gelebt habe: in Not, Dreck, Hunger, äußerster Armut, Willkür und Ausweglosigkeit. Alles, was wir haben, ist hinfällig, kann uns noch heute genommen werden.

Nur Gott bleibt. Ohne ihn wäre alles sinnlos. Dabei ist es so schwer in der heutigen Welt, zu glauben. Man darf nicht fragen. Selbst wenn wir Antwort erhielten, würden wir sie nicht verstehen.

Ich frage nicht.

Ich glaube. Ich bitte.

Wie oft lese ich Hiob. Daraus kann man lernen.

Was ist das Maß des Leidens, das ein Mensch ertragen kann? Wird er noch gläubiger, oder schwört er ab und verfällt der Dunkelheit? Macht das Leid besser?"

„Von Mitternacht kommt Gold; um Gott ist schrecklicher Glanz."

Sie nickt.

„Ja, das habe ich auch gelesen. Ich bin nicht so groß wie Hiob.

Man muß hellhörig werden, horchen. Nach innen. Man muß versuchen, herauszufinden, was SEIN Wille ist. Das ist eine Aufgabe fürs Leben. Man wird geschoben, aber damit darf man sich nicht begnügen. Man muß unermüdlich tätig sein.

Deshalb war dieser Kirchenbau so eine Belastung für mich. Immer, wenn es nicht weiterging, dachte ich: Du bist es nicht wert.

Bei diesem Kirchenbau habe ich erfahren, daß es den Teufel gibt. Ich bin in Situationen geraten, die nicht zu beschreiben wären.

Übrigens: Wenn ich so viel von der Macht gesprochen habe, dürfen Sie das nicht mißverstehen."

„Sie haben noch kaum von der Macht gesprochen."

Sie sieht mich irritiert an.

„Nicht –?"

„‚Margarethe Ottillinger hat den Durchbruch zum Top-Management prominenter Unternehmer geschafft‘", zitiere ich aus einer Zeitung.

Sie nickt ungeduldig.

„Ich wollte immer eine Arbeit, die anderen hilft. Mit viel Macht ist man mächtig. Das heißt, man kann viel helfen, wenn man die Macht richtig einsetzt.

Macht muß kein Gegensatz zu Dienen und Demut sein. Ein mächtiger Mensch kann ein demütiger Mensch sein, ein ohnmächtiger Mensch ein stolzer.

Wenn ich von Einsamkeit spreche, darf auch das nicht falsch verstanden werden. Ich habe geliebt und bin geliebt worden. Aber die opferbereite Liebe, die nichts für sich will, habe ich nicht gefunden."

„Macht es Ihnen eigentlich Freude, mir das alles zu erzählen?"

Sie sieht mich verblüfft an. Dann lächelt sie, als hätte ich erfolglos versucht, sie zu beunruhigen.

„Ich weiß, daß das keine ‚Memoiren‘ werden. Das wäre schrecklich. Jeder schreibt heute Memoiren und erzählt, was für ein toller Kerl er ist."

„Was soll das also für ein Buch werden?"

„Es soll ein Bekenntnis werden. Ein Bekenntnis zu Gott in einer Welt der Gleichgültigkeit. Die Menschen müssen wieder lernen, das Wesentliche vom Unwesentlichen zu trennen. Das fällt uns nicht zu. Wir müssen ringen darum. Wir müssen uns Mühe geben bis zum letzten Atemzug."

„Wollen Sie zum Menschenfischer werden wie Petrus?"

„Wenn mir das gelingen würde, müßte ich nicht mit leeren Händen vor Gott hintreten. Sehen Sie: Daß Sie mir geschickt wurden, das ist kein Zufall. Sie hören mir zu. Sie sind voll und ganz für mich da. Das spüre ich. Sie sind offen.

Ich will bekennen. Schreiben Sie das. Schreiben Sie es immer wieder."

Nach einer langen Pause, ich störe sie diesmal mit keiner Frage, sagt sie im Ton eines sachlichen Resümees: „Es kommen so viele zu mir. Packen aus, wollen Rat, Trost, Hilfe. Wenn ich einmal von

meinem Posten gehe, wird vielleicht alles in meinem Ressort wei-
terlaufen wie auf geölten Rädern. Aber im menschlichen Bereich
wird man mich vermissen."

„Können Sie sich erklären, weshalb die Menschen Zutrauen zu
Ihnen haben?"

„Ja. Ich habe viel durchgemacht. Da wird man hellhörig für das
Leid anderer."

„Wissen Sie, was man mit einem falsch verstandenen Glauben alles anrichten kann?"

„Sie meinen anderen schaden?"

„Genau das meine ich. Stellen Sie sich die Klosterfrauen im Lager in Potma vor."

„Waren sie wegen ihres Glaubens eingesperrt?"

„Ja. Obwohl man sie dafür eigentlich nicht hätte einsperren dürfen, sondern wegen ihres Aber- und Unglaubens. Sie wuschen sich zum Beispiel nicht."

„Warum? Damit schadeten sie doch nur sich selbst."

„Und uns, nicht zu vergessen. Allen anderen schadeten sie. Wir wurden einmal in der Woche zum Baden geführt. Und wir konnten uns jeden Morgen waschen. An einem langen Trog. In das Holz waren in regelmäßigen Abständen dicke Nägel gesteckt. Wenn man die Stellung des Nagels veränderte, floß kaltes Wasser. Im Winter wuschen wir uns in einem Vorraum der Baracke. Wer warmes Wasser wollte, konnte es auf dem Ofen erwärmen. Wer sich also rein halten wollte im Lager, der konnte es."

„Und die Klosterfrauen wollten nicht?"

„Nein. Sie schlugen das Kreuz und sagten: ‚Beim Antichrist waschen wir uns nicht.'

Wo wären wir hingekommen? Schließlich schliefen und arbeiteten wir zusammen. Der Gestank wäre nicht auszuhalten gewesen."

„Was haben Sie getan?"

„Gewalt angewendet. Wir haben die falschgläubigen Klosterfrauen gepackt und zwangsgeschrubbt.

Oder stellen Sie sich eine Zählung vor. Wir wurden im Lager täglich gezählt. Das heißt, wir mußten in Reihen antreten, gleichgültig, ob bei Sonne, Regen oder Schnee, wurden gezählt und auf Nummernlisten abgehakt. Da standen wir bei vierzig Grad Kälte auf dem Hof. Die Klosterfrauen kamen nicht. Vom Antichrist ließen sie sich nicht zählen. Daß wir alle draußen standen und erbärmlich froren, daß sie also u n s straften mit ihrer Dummheit, das ist ihrer christlichen Nächstenliebe entgangen.

Wenn sie aufs Klo mußten – und das müssen gottlob auch Klosterfrauen –, haben sie das Kreuz geschlagen und gesagt: ‚Herr, erbarme dich unser.'

Eine war dabei, die hat sich in der strengsten Kälte geweigert, die Filzkappe aufzusetzen, die wir im Winter bekamen. Vom Antichrist setzt sie keine Kappe auf.

Wie dieser falsch verstandene Glaube auf die Sowjets wirkte, können Sie sich denken.

‚Das soll Glaube sein?' haben sie gesagt, ‚Blödheit ist das.' Recht haben sie gehabt.

Was für uns anderen so schlimm war, das war der fast aussichtslose Kampf gegen so viel Dummheit. Dummheit kennt keine Toleranz.

Die Mehrzahl der Russen ist nicht gläubig, wie es heißt. Das ist kein Glaube. Es ist Aberglaube. Aber auch der echte Glaube braucht seinen Weg und seine Zeit. Dieses Volk hat so viel gelitten, daß ihm eines Tages die ganze Gnade zuteil werden wird, zu sehen."

„Und wir? Dieses Europa?"

„Dieses Europa wird sich radikal ändern müssen oder es wird nicht überleben. Nicht mit dieser Saturiertheit, mit dieser Gleichgültigkeit. Es wird sich ändern müssen, oder es wird von einer Flutwelle weggespült werden."

„Woher?"

Sie zuckt die Achseln.

„Woher auch immer. Ein paar werden übrigbleiben wie nach der Sintflut. Es wird kein Ende sein, sondern ein Neubeginn."

Sie schweigt. Das ist fast immer ein Zeichen für das Ende unseres Gesprächs oder für einen abrupten Themawechsel.

„Haben Sie Stichworte notiert?"

„Ja: ‚Burdirskaja' und ‚Wladimir-Polit-Isolator'."

„Die Burdirskaja ist das größte Gefängnis Moskaus, wenn nicht der Sowjetunion, das unter Katharina der Großen gebaut wurde."

„In wie vielen Gefängnissen waren Sie insgesamt?"

„Außer der Burdirskaja im Wladimir-Polit-Isolator und in der Lubjanka. Die Menschen, die ich in den Gefängnissen kennengelernt habe . . . es sind so viele, daß ich mich nicht mehr an alle erinnern kann. Nur an ihre abenteuerlichen Geschichten, meist Lügen. Je armseliger und unbedeutender die Verhältnisse waren, aus denen sie kamen, umso dicker trugen sie auf."

„Warum waren sie gefangen?"

„Aus religiösen Gründen oder wegen antisowjetischen Verhaltens oder weil sie sich mit Ausländern eingelassen hatten.

Um das eintönige Gefängnisleben zu ertragen, erfanden sie die unglaublichsten Geschichten. Bäuerinnen verwandelten sich in Fürstinnen, sie erzählten von Reisen, die sie nie gemacht hatten, in Länder, die es nicht gab, mitunter schrien sie sich an, das sei alles Lüge, und prügelten sich, und dann hatten sie ihre gestauten Aggressionen wieder ausgetobt und erzählten weiter."

„Zu wieviel Personen waren Sie in der Zelle?"

„Zwei bis sechs. Wir wurden jeden Tag auf den Hof geführt, eine Stunde lang, bei jedem Wetter, und zweimal am Tag aufs Klo. Darauf hatte man sich einzustellen und lernte es schnell. Auf tagelangen Bahnfahrten, zum Beispiel aus dem Lager in ein Moskauer Gefängnis, war es schlimmer, weil mehr Willkür herrschte. Eine erfahrene Gefangene gab mir gleich auf der ersten Fahrt den Rat: ‚Mach' in die Hose, wenn sie dich nicht gehen lassen.'

Einmal hatte ich in der Burdirskaja einen Halbtraum. Ich wußte, wo ich war und wer ich war, hatte aber das Gefühl, ganz körperlos frei zu schweben und geborgen zu sein, als wäre ich gar nicht mehr auf der Erde. Ich hörte, wie an der Tür, durch die wir beobachtet wurden, eine Wärterin zur anderen sagte: ‚Schau dir diese Gefangene an. Sie lächelt.' Vielleicht hielten sie mich für verrückt."

„Das liegt doch nahe."

Sie schüttelt den Kopf.

„Wirklich verrückt ist im Lager nur geworden, wer die Anlagen dazu mitbrachte. Man erträgt körperlich viel, ohne daß der Geist sich verwirrt. Außerdem – ich glaube, es gibt niemanden auf der Welt, der Gott näher ist als die Verrückten."

VERHÖRE

„Zum Verhör in der Lubjanka mußte man übrigens immer in anständiger Kleidung erscheinen, also nicht in Lager- oder Gefangenenkleidung, sondern frisiert und mit Kleid und Schuhen, unseren eigenen Sachen, die dort korrekt aufbewahrt wurden."

„Wie sah die Lagerkleidung aus?"

„In Potma hatten wir schwarze Kleider, grauweiß gestreifte Röcke und Oberteile; im Wladimir-Polit-Isolator und in der Burdirskaja die eigenen Kleider."

„Kopfbedeckung?"

„Im Sommer keine, im Winter eine dicke, gesteppte Filzkappe und Filzstiefel. Außerdem eine kurze gesteppte Jacke, die bis zur Taille, und eine lange, die bis zu den Knien reichte. Dazu hatte jede von uns zwei Garnituren Unterwäsche, also Hemd und Hose, und ein Hemd für die Nacht, alles sehr hart und kratzend. Dann lange Baumwollstrümpfe mit Gummiband. Wie man ausgesehen hat, war schwer festzustellen. Im Lager gab es keine Spiegel, weil sie gefährlich waren. Man hätte sich mit den Scherben verletzen oder umbringen können. Auch andere.

Das Essen bekamen wir in Blechnäpfen. Auch die Löffel waren aus Blech."

„Messer und Gabel?"

„Keine. Morgens und abends gab es Suppe und Brot, mittags auch, und einen Brei aus Hirse oder Buchweizen."

„Womit haben Sie das Brot geschnitten?"

„Wir hatten starke Zwirnfäden aus der Fabrik, wo wir die Konfektion nähten, und die haben wir zu noch stärkeren Fäden gedreht und damit das Brot, das aus harten, grobkörnigen Würfeln bestand, zerteilt."

„Tee?"

„Sie meinen echten? Nicht im Traum. Im Lager nie, im Gefängnis schon. Aber das war ein Fruchttee aus zerkleinerten und getrockneten Obstabfällen."

„Wie groß war Potma?"

„Es umfaßte sechsunddreißig Lagerpunkte. Einer umfaßte rund 2000 Menschen. Die einzelnen Lager wurden durch eine Kleinbahn versorgt."

„Gab es Feiern im Lager?"

„Ja, wir wußten schon, wann Ostern war und Weihnachten. Aber wir hatten ja keine Feiertage und mußten jeden Tag arbeiten."

„Auch sonntags?"

„Auch sonntags."

„Zu wieviel Gefangenen haben Sie in einer Baracke geschlafen?"

„Verschieden. Zwischen hundert und zweihundert. Die Pritschen waren übereinander. Zwei schliefen oben, zwei unten. Die Gestelle waren aus Holz. Jeder hatte vier Bretter für sich. Bis zur nächsten Viererpritsche war ein Gang von knapp einem Meter. Und so immer weiter. Es war uns erlaubt, eine Schnur zu spannen und ein paar Fetzen darüberzuhängen, eine Art Wand vor unserer Schlafstelle, die unser einziger ‚eigener Raum' war, das letzte Persönliche."

„Durften Sie schreiben?"

„Nie. Drei Monate, bevor ich entlassen wurde, hab' ich das erste Mal schreiben dürfen. Da wußte ich schon von meiner bevorstehenden Entlassung. Diese paar Wochen waren länger als die vergangenen sieben Jahre.

Nach Hause hab' ich nicht schreiben dürfen, so daß niemand wußte, wo ich war. Das war für meine Mutter kaum zu ertragen. Mein Bruder, der bei Stalingrad gefangengenommen wurde, war 1947 nach Hause gekommen. Ein Jahr später wurde ich verhaftet und verschwand von der Bildfläche. Innerhalb der Sowjetunion habe ich wegen des Urteils an jede beliebige Person schreiben dürfen."

„Waren das die Briefe, in denen Sie jedes Mal erklärt haben: ‚Ich bin unschuldig!'?"

„Ja. Als ich das erste Mal in der Lubjanka zum Verhör kam, dachte ich, ich wäre in einem Hotel. Der Warteraum war ausgemalt. Ich kannte ja nur noch Baracken.

Bevor ich in die Zelle kam, war Leibesvisitation. Das ging so vor sich: Ich mußte mich völlig ausziehen. Die Frau, die die Leibesvisitation vornahm, legte meine Kleider und die Unterwäsche auf Tische. Zuerst wurde meine Kopfhaut genau untersucht, ob nirgends etwas aufgeschrieben war. Dann Nase, Ohren und Mund, vor allem der Bereich unter der Zunge. Wer eine Prothese trug, mußte sie herausnehmen. Die Stellen zwischen den Fingern wurden kontrolliert, Handflächen und Nägel, Achselhöhlen, Zehennägel und Füße. Dann kam eine Ärztin, die Darmausgang und Genitalien untersuchte.

Danach wurde ich in eine Ecke gestellt. Obwohl ich mit dem Gesicht zur Wand stehen mußte, konnte ich doch ab und zu unbemerkt einen Blick auf die Tische werfen. Die Wärterin untersuchte jedes Kleidungsstück genau, vor allem Nähte, Säume und Manschetten. War eine Stelle verdächtig, wurde sie sofort aufgetrennt. Von den Schuhen wurden die Stöckel mit einer Zange entfernt, oft auch die Sohlen. Es muß einen Gefängnisschuster gegeben haben, denn wir bekamen die Schuhe in gutem Zustand zurück, wenn wir zum Verhör mußten.

War alles in Ordnung, konnte ich meine eigene Kleidung anziehen und wurde in einer Einzelzelle eingesperrt."

„Warum?"

„Zum Mürbemachen. Es war eine Zelle ohne Fenster, aber mit elektrischem Licht. Man konnte auf einem Hocker sitzen, sich aber kaum rühren. Nach drei Tagen und vier Nächten kam ich in eine gewöhnliche Zelle, wo außer mir noch zwei oder vier Gefangene waren. Man mußte sich immer wieder vor solchen hüten, die deutsch sprachen und als Spitzel angesetzt waren. Aber ich hab' nie etwas gesagt. Was hätte ich denn sagen sollen?

Habe ich Ihnen schon erzählt, wie das vor sich ging, wenn man in der Lubjanka zum Verhör mußte?"

„Nein."

„Nehmen wir an, wir sind zu viert in einer Zelle. Die Tür geht auf. Die Wärterin fragt: ‚Buchstabe S?'

Niemand rührt sich.

‚Buchstabe N?'

Niemand. Aber wir zittern schon.

‚Buchstabe O?'

‚Ottillinger', sage ich und stehe auf.

‚Beeilen Sie sich, zum Verhör.'

Ich frisiere mich. Dann muß ich mich zur Wand drehen.

Die Wärterin flüstert: ‚Ihre Familie?‘

‚Ottillinger‘, sage ich.

Ich muß vor der Wärterin hergehen, einen Korridor entlang. Kam eine Ecke, mußte ich stehenbleiben und mich zur Wand drehen.

‚Ihre Familie?‘

‚Ottillinger.‘

An der Wand werde ich einer Leibesvisitation unterzogen. Auf der gegenüberliegenden Seite steht ein Schreibtisch. Ein Mann in Uniform gibt mir meine Brille.‘‘

„Wie konnten Sie ohne Brille lesen?‘‘

„Zum Lesen brauch’ ich sie nicht. Nur für die Weite. Ich werde zwei Wächtern übergeben. Wir steigen in einen geöffneten Aufzug und fahren nach unten, steigen aus. Vor mir geht ein Soldat auf dem langen Gang, hinter mir geht ein Soldat. Auf einer Seite des Ganges sind sogenannte ‚Wächterhäuschen‘. Während die Soldaten gehen, schlagen sie mit ihren Schlüsseln fortwährend auf das Metall ihrer Koppel. Das ist das Zeichen: hier kommt eine Gefangene. Besteht die Gefahr, daß uns ein anderer Gefangener begegnet, werde ich sofort in ein ‚Wächterhäuschen‘ geschoben, weil die Gefangenen sich auf dem Weg zum Verhör nicht begegnen sollen.

Ich werde in einen Raum geführt, in dem ein Schreibtisch steht, und muß mich wieder mit dem Gesicht zur Wand stellen.

‚Ihre Familie?‘ mit vorgehaltener Hand, immer flüsternd.

‚Ottillinger.‘

Dann darf ich mich umdrehen. Auf dem Schreibtisch liegt ein Buch, darüber eine Aluminiumfolie mit einem Schlitz. Da muß man seinen Namen hineinschreiben. Auf diese Weise konnte kein Gefangener die Namen der anderen Gefangenen lesen.

Die Unterschrift mit meinem Namen bedeutet: die Gefangene hat das Gefängnis verlassen und befindet sich im Ministerium.

Man führt mich über neue Gänge zum Untersuchungsrichter. Zuvor noch einmal: ‚Ihre Familie?‘

‚Ottillinger.‘

Dann geht die Tür zum Untersuchungsrichter auf.

Ein Soldat fragt: ‚Haben Sie eine Gefangene bestellt?‘

‚Ja.‘

‚Welcher Name?‘

‚Ottillinger.'

Ich muß in einer Art Holzverschlag in der Ecke gegenüber dem Untersuchungsrichter Platz nehmen. Die Soldaten gehen hinaus und schließen die Tür.

Dieses Zeremoniell hat sich jedes Mal in der gleichen Weise abgespielt. Wir haben es schnell gelernt. Am Anfang war die Angst entsetzlich. Keine konkrete Angst, aber Angst vor dem Unbekannten. Am schlimmsten war es, wenn man mit dem Aufzug nach unten fuhr."

„Sind Sie bei Tag oder bei Nacht verhört worden?"

„Meist nachts. Und am Tag haben sie mich dann nicht schlafen lassen. Ich durfte nicht einmal die Augen schließen. Einmal hab ich's versucht, erschöpft wie ich war, hab' der Zellentür den Rücken gedreht und bin mit geschlossenen Augen langsam auf das vergitterte Fenster an der gegenüberliegenden Wand zugegangen.

Ich bekam aber sofort einen Verweis von der Wärterin, die mich vor der Zellentür beobachtete: ‚Stellen Sie sich so hin, daß ich Ihr Gesicht sehen kann.' "

„Was sollte dieses Zeremoniell, bevor es zum Verhör ging, bedeuten?"

Sie zuckt die Achseln.

„Verunsicherung. Außerdem haben die Russen einen Hang zur Gründlichkeit, wo es ihnen brauchbar erscheint. Immerhin war es ein Zeremoniell von imponierender Perfektion.

Wenn sie einen nicht schlafen ließen, das war am Schlimmsten. Und das wußten sie.

In der Lubjanka haben sie mich einmal drei Wochen lang nicht schlafen lassen. Ich hatte unerträgliche Kopfschmerzen und war bis auf die Knochen abgemagert. Als ich mich bereits in einer Art Trancezustand befand, haben sie mich nach der dritten Woche eine Nacht durchschlafen lassen.

Es war ein Sonntag.

Und wissen Sie, wodurch ich zu diesem Schlaf gekommen bin? Ich habe es auf Umwegen erfahren: durch ein Fußballspiel, das nachts, bei Flutlicht, stattgefunden hat und das die Untersuchungsrichter besucht haben.

Ich erzähle Ihnen das, um mir selber zu wiederholen, was ein Mensch aushalten kann: Hunger, Schlaflosigkeit, Angst, Demütigungen, Hitze, Kälte, Karzer, Einzelhaft, Zwangsarbeit, Krankheit. Dazu eine nicht absehbare Zeitspanne vor sich. Fünfundzwanzig Jahre."

GESPENSTISCHE AKTUALITÄT

„Keine Zeile davon, bevor sie mir nicht alles erzählt hat, was sie erzählen will", habe ich im Januar während unserer Gespräche in Schruns beschlossen.

Seitdem sind fünf Monate vergangen.

Der schwere Ledersack, vollgestopft mit Material, steht in unserem Haus. Ich habe bis jetzt einen großen Bogen um ihn gemacht.

Mitte Juni hab' ich ihn in einer Art Panik aufgemacht. Fotos, Fotos, Fotos. Ich hab' sie mir alle angesehen, obwohl ich weiß, daß ich sie nicht brauchen kann. Das Bild, das ich von MO durch die Gespräche habe, ist einprägsamer als alle Fotografien, diese Momente, die auch als tausendfältiges Mosaik keine Wahrheit ergeben.

Was noch?

Vorträge, die sie nach ihrer Freilassung in Österreich gehalten hat. Zeitungsberichte in der „Freiheit", jeweils eine ganze Seite unter der Rubrik „Die Auslese". Vierundfünfzig Zeitungsseiten aus der Zeit vom August 1956 bis August 1957, also zwanzig Jahre alt. Die gespenstische Aktualität alter Zeitungen, der Geruch des alten Papiers lähmt meine Arbeitskraft. Ich lese: lustlos, mutlos, gelangweilt, verwünsche das ganze Unternehmen.

Grotesk die Schlagzeilen nach der Gefangennahme: „Sowjetagentur TASS der Lüge überführt". Erst hatte man erklärt, Margarethe Ottillingers Papiere seien nicht in Ordnung, dann behauptete man, sie sei eine Spionin.

Noch grotesker die Frage einer unmittelbar an den „Fall Ottillinger" angrenzenden Zeitungszeile: „Wie wird das Winterwetter?" Ob MO sich das in ihrem Gefängnis auch gefragt hat?

Ein Manuskript kommt zum Vorschein, zwei dicke Manuskriptpacken, die Vorarbeit zu jenen Zeitungsartikeln.

Die Bibel hat 1136 Seiten – beispielsweise. Dieses Manuskript hat 1506 Schreibmaschinseiten. Ich lese sie zähneknirschend. Jetzt verstehe ich, wenn MO sagt: „Ich kann nicht schreiben. Wenn ich es versuche, werden es immer lange Sätze, die nicht gut sind."

Wenn es nur das wäre. Was das Lesen so mühsam macht, ist die Monotonie des Aufsagens, das Aneinanderreihen von Fakten, bedeutenden und unwichtigen.

Ein Tageslauf wird abgespult vom Frühstück bis zum Abendessen. Das liest sich alles merkwürdig flach, strapaziert, ohne irgendwo anzurühren, nistet sich nicht ein, wirkt nicht nach.

Es ist völlig anders als unsere Gespräche, als ihre Erinnerung nach zwanzig Jahren. Als hätte das alles ablagern müssen, wie ein Wein zur Reife kommt.

In diesen Berichten gibt es keine Rückblenden, keine Zusammenschau, weder aus äußerer noch aus innerer Sicht, keine Querverbindungen. An diesem Antibeispiel begreife ich Diderot: „Schönheit ist die Vielfalt der inneren Beziehungen."

Was ich brauchen kann, sind Daten und Orte, die ich notiere.

Es liegen auch ein paar Zeitungsseiten mit „Berichterstattung" bei: Journalistengewäsch, das sich in Pauschalen erschöpft: „Tiefe Erschütterung", „unbeschreiblicher (!) Jubel", „strahlende Heimkehreraugen".

Als ich auf Seite 1506 ankomme, bin ich leer wie ein ausgeblasenes Ei. Immerhin habe ich ein gutes Gewissen.

Ich schichte das Material sorgfältig und in der gleichen Reihenfolge wieder in den Ledersack und schleppe ihn nach oben in eine Abstellkammer. Weil ich es genau wissen will, stelle ich ihn auf die Waage: sie zeigt zehn Kilo.

100

KRANK

Ostern fahre ich wieder nach Schruns. MO liegt seit zwei Wochen in „Maria Rast".

Ich erwarte, sie gut erholt zu finden, besuche sie, bin entsetzt. Sie liegt im Bett, kraftlos, müde, mit weißem Gesicht und glanzlosen Augen. Es scheint, als koste sie jede Bewegung, jedes Wort ungeheure Anstrengung.

„Ich soll laufen", sagt sie, „aber ich bin so schlapp. Warum soll ich denn auch hier etwas tun müssen? Immer muß ich etwas tun. Warum lassen sie mich denn wenigstens hier nicht in Ruhe?"

„Sie können ja nicht wieder kräftig werden, wenn Sie immer im Bett liegen", sage ich, „wie stellen Sie sich das denn vor, wenn Sie in einer Woche wieder anfangen wollen zu arbeiten?"

Sie schüttelt den Kopf, als wäre das unvorstellbar, gibt aber zu, daß sie in einer Woche wieder arbeiten will.

„Ich hab' so lang Fieber gehabt. Das ist diese elende verschleppte Grippe, die mich im Jagdhäusel erwischt hat. Wär' mir nicht der Lehm ausgegangen, hätt' ich mich schon kuriert."

„Was ist Ihnen ausgegangen?"

„Der Lehm. Es gibt da eine Stelle in der Umgebung, da holen die Bauern den Lehm. Der heilt. Die Bäuerin hat mir einen gebracht. Nach dem ersten Wickel war mein Fieber von 39,8 auf 37 Grad herunter.

Nach dem zweiten Wickel hab' ich gedacht, ich entkomm' der Grippe. Aber dann hatt' ich keinen Lehm mehr, und außerdem mußte ich heimfahren, und daheim hat's mich dann erwischt: hohes Fieber und an Ohren, Augen und Hals alle Entzündungen, die man sich denken kann."

Ich sehe schon, daß an diesem Vormittag nichts zu machen ist. Außerdem wird das Essen schon um elf Uhr gebracht.

„Jetzt ess' ich", sagt sie wie ein braves Kind, „und dann?"

„Dann schlafen Sie, solange Sie können", sage ich, „am Nachmittag schau' ich noch mal vorbei."

Sie hebt kaum die Hand zum Winken.

Auf dem Gang halte ich den behandelnden Arzt auf. Es ist nichts aus ihm herauszuholen. Er spricht von Teilzielen und ärztlicher Schweigepflicht. Außerdem will er sicher auch zum Mittagessen.

„ICH WILL ARBEITEN"

Am Nachmittag versuche ich es wieder und erlebe eine der Überraschungen, die ich schon kenne, auf die ich aber heute nicht gefaßt war.

Schon wenn die Patientin sich umzieht, ist das immer ein gutes Zeichen. In dem grünen Hausanzug sieht sie bereits viel aktiver aus als in dem weißen Nachthemd. Außerdem liegt sie nicht im, sondern auf dem Bett, ist frisiert, und ihre Augen sind wieder „da".

„Ich muß ja einen erbärmlichen Anblick abgegeben haben heut vormittag."

„Wahrhaftig", sage ich und deute auf ihren Hausanzug, „aber jetzt ist grünes Licht?"

Sie lacht.

„Der Teufel soll's holen, wenn man so schlecht beisammen ist."

„Immer noch der Teufel?"

„Und ob. Ich sage Ihnen, das wird immer schlimmer. Wo die Kirche ist, da ist der Teufel nicht weit. Da wittert er sein Geschäft. Seit ich diese Kirche gebaut hab', hab' ich den Teufel kennengelernt."

„Leibhaftig?"

Sie winkt ab. „Nicht nötig. Es langt so."

„Immer noch Lichtschalter, Türgriffe und Sonstiges? Lauter Aufgaben für die ‚kleinen Wotrubas'?"

„Da fangen wir gar nicht erst an", sagt sie, wir wollen keine Chronik des Ärgers oder gar der Lächerlichkeiten. Diese Zwerge . . . Aber das sage ich Ihnen: Wenn der Wotruba noch da wäre, der hätte manchmal schön gebrüllt."

„Konnte er?"

„Und wie. Alles Kleinkarierte war ihm verhaßt. Na, und was haben wir denn schon rundherum? Ich hör' ihn noch wüten, als wir nach dem Scheitern des ersten Steinbacher Plans auf Grundstücksuche gingen – und keinen gescheiten Platz finden konnten.

‚Was', hat er geschrien, ‚und das lassen Sie sich gefallen? Neben

Tankstellen, in der Nähe von Hinterhöfen, zusammengequetscht an Verkehrsinseln? Wohin will sich die Kirche noch verkriechen, ohne zu kämpfen?'

Der Stein, der mir vom Herzen fiel, als wir endlich den Platz gefunden hatten . . . und nicht nur mir.

Jetzt witzeln sie ja schon über die Wotruba-Kirche, ein Zeichen für ihre Popularität. Wissen S', ich hab' doch Zäune errichten lassen müssen, als wir drangegangen sind, Gras zu säen, die hätten mir ja alles zusammengefahren und -getrampelt. Prompt erscheint eine Karikatur in der Zeitung: ‚Wotruba im Schrebergarten'.

Auch sonst hat die Kirche schon allerlei Bezeichnungen über sich ergehen lassen müssen: ‚Dornenkrone', ‚Gottesfaust', ‚Trutzburg' – ich find' das nicht sehr originell. Ich zeig' Ihnen mal die Büchel, wo die Besucher sich einschreiben können – es kommen Tausende aus dem In- und Ausland.

Die Kirche hat sich durchgesetzt."

„Jetzt sind doch aber auch die Kleinigkeiten unter Dach? Ich meine: Sie sind fertig mit Ihrer Arbeit?"

„Fertig, ja", nickt sie, „fertig".

„Und nun?"

„Das haben mich schon viele gefragt – und fragen mich immer mehr. Schon während des Kirchenbaues ging's an und jetzt, wo die Kirche fertig ist, erst recht.

Wer da nicht alles an mich herantritt: ‚Wollen S' nicht mitarbeiten bei uns?'

‚Nein', sag' ich.

Wissen Sie, mein ganzes Leben lang hab' ich immer nur eines gemacht: mir eine Arbeit vorgenommen, an einem ganz kleinen Eckerl angefangen, und dann hab' ich nicht ausgelassen, bis das, was ich mir vorgenommen hatte, fertig war. Wenn ich einen Plan habe, den ich für gut und notwendig halte, wird er verwirklicht."

„Und was wird jetzt geplant und verwirklicht?"

„Es gäbe so viel. Wissen Sie, was mein Fluch ist? Daß ich in der Anonymität fast nichts mehr unternehmen kann. Ich leide an der Eifersucht, dem Neid und der Mißgunst, die mich verfolgen. Als ob es um mich ginge. Ich bin nicht ruhmsüchtig. Wie oft soll ich das noch sagen. Ich will arbeiten und helfen und Gutes tun."

Es gibt noch Schwierigkeiten mit Pater Th., der einen Kranken-besuch macht und ein Heftchen als Lektüre mitbringt mit dem Titel „Gute Besserung (nicht nur für Kranke)".

Als MO, nach ihrem Befinden befragt, erklärt, der Teufel sei los und mache eine Schwierigkeit nach der anderen, erklärt der Pater mit Nachdruck, der Teufel liege an der Kette. Man könne ihn zwar reizen, aber er käme nicht los, könne einem nichts anhaben.

MO ist so verdutzt, daß es ihr die Sprache verschlägt. Das kommt selten vor. In einer Art abwesender Belustigung verfolgt sie den Streit, den ich mit dem Pater austrage. Auszutragen versuche . . . denn gegen diesen Mann Gottes ist nicht anzukommen.

Als ich so leichtsinnig bin, Buddha ins Gespräch zu bringen, nickt er tolerant und erklärt, daß Buddha in Christus miterlöst worden sei. Das verschlägt wiederum mir die Sprache. Der Pater behauptet das Feld auf der ganzen Linie und kann sich im schönen Gefühl eines Triumphs verabschieden.

„Teufel an der Kette", sagt MO entrüstet, „da tät's anders ausschauen, wenn der an der Kette läge."

ÄUSSERE UND INNERE FREIHEIT

Wir machen einen Plan für den Sommer. Wir wollen zwei Wochen in ihr Jagdhäusel gehen.

„Ist dort ein Telefon?"

„Ja. Warum machen Sie so ein grantiges Gesicht?"

„Weil man Sie Tag und Nacht anrufen wird."

Sie wehrt ab. „So arg wird's nicht."

Gut. Ich verspreche, das Manuskript maschinegeschrieben mitzubringen.

„Sie haben dann zwei Wochen lang Zeit und Gelegenheit, mit Rotstift zu arbeiten."

Auch diesmal meint sie, so arg könne es nicht werden. Ich hätte ihr doch schon alles vorgelesen.

„Das ist was anderes. Warten Sie's ab."

„Was ist mit meinem Beruf? Haben wir da schon genug?"

„So viel oder so wenig, wie Sie wollen."

Unaufgefordert beginnt sie zu erzählen.

„Immer wenn eine Gruppe neuer Mitarbeiter in die ÖMV eintritt, halte ich ein Referat. Das klingt hochgestochen. Ich spreche mit den Menschen."

„Wie groß ist so eine Gruppe neuer Mitarbeiter?"

„Zwanzig bis dreißig. Es werden auch technische Vorträge gehalten und Filme vorgeführt, um die ÖMV in Wort und Bild kennenzulernen. Das ist auch alles nötig, aber es ist nicht das wichtigste für eine Betriebsgemeinschaft, wenn es wirklich eine Gemeinschaft sein soll.

,Sie sind in eine Gemeinschaft aufgenommen worden', sage ich, ,und was sind nun Ihre Rechte und Pflichten?' Und dann sag' ich ihnen, daß jeder ein Recht hat, hier Karriere zu machen. Nicht durch Protektion und nicht durch Ellbogentaktik. Das ist oft sehr erfolgreich, endet aber meist nicht gut. Karriere macht man durch eigene Leistung, durch eigenen Fleiß. Das heißt, daß man nicht aufhört zu lernen, solange man lebt. Weiter: Wie muß ein Mensch in so einer Gemeinschaft beschaffen sein, daß die anderen ihn mögen und daß er sich wohlfühlt?

Er muß ein anständiger Mensch sein. Das Wort ist altmodisch geworden, also erklär' ich's vorsichtshalber deutlicher: Wer einen Kollegen beobachtet, der seine Zeit verschlampt, der faul ist, der richtet ihn nicht beim Vorgesetzten aus, sondern geht her und sagt zu ihm: ‚Tu' deine Arbeit. Dazu bist du hier! Weiter: Ältere Menschen muß man mit Achtung behandeln, mit Respekt. Sie haben jahrzehntelange Erfahrungen erworben in ihrem Beruf, Erfahrungen, die sie gern weitergeben an Jüngere, wenn man ihnen Gelegenheit dazu gibt.

Zu Kollegen, besonders zu älteren Kollegen, ist man freundlich und hilfsbereit. Mit Anständigkeit kommt man letzten Endes am weitesten, obwohl man heute oft gegenteiliger Ansicht ist.

Wissen Sie, was am schwersten für mich war, als ich in die ÖMV eintrat? Den Menschen die Angst zu nehmen.‘‘

„Wovor?‘‘

„Vor dem Ausgehorcht-, vor dem Bespitzeltwerden. Von 1945 bis 1955 war die Leitung in russischer Hand. Diese zehn Jahre waren noch lebendig, als ich 1956 in die ÖMV eintrat. Die Menschen waren so gewöhnt, in ständiger Angst zu leben, daß kaum jemand den Mut hatte, so zu sprechen, wie's ihm ums Herz war. Ich habe meine ganze Personalpolitik darauf ausgerichtet, den Menschen die Angst zu nehmen, ihnen den Mut zu geben, sich auszusprechen, sie so wieder zu freien Menschen zu machen.

Es gibt natürlich immer andere Meinungen zur eigenen Meinung. Manche meinen, eine gute und erfolgreiche Personalpolitik dann zu betreiben, wenn sie einen gegen den anderen ausspielen, Intrigen spinnen und eine allgemeine Verunsicherung schaffen, in der Lüge und Heuchelei gedeihen.

Das alles versuche ich aufzufangen und auszugleichen, und das geht nicht ohne Demütigungen und Niederlagen ab. Man darf nicht aufgeben.‘‘

„Sie sprachen von ‚freien Menschen‘. Von Freiheit durch die Möglichkeit der Offenheit.‘‘

Als hätte sie auf ein Stichwort gewartet, fährt sie auf wie elektrisiert: „Da fangen wir gleich beim großen Irrtum der französischen Revolution an: Freiheit, Gleichheit, Brüderlichkeit.

Gleichheit: gibt es keine. Hat es nie gegeben und wird es nie geben. Wir sind alle ungleich, von Geburt an bis zum Tode. Kein Mensch ist wie der andere. Und das ist gut so.

Es gibt keine Gleichheit, aber es könnte eine Gerechtigkeit geben, wenn wir die Freiheit der Entscheidung, die uns gegeben ist, dazu benützen würden, zu Gerechtigkeit und Brüderlichkeit zu gelangen.

Im übrigen sind die Begriffe untereinander nicht gleich, denn Freiheit ist kein Ziel, sondern ein Weg, ein Weg zur Brüderlichkeit. Die große Auseinandersetzung zwischen Ost und West liegt darin, daß diese beiden Teile der Welt dasselbe Ziel anstreben, die Brüderlichkeit. Um dahin zu gelangen, muß man frei sein. Der Westen hat das begriffen und die Freiheit grundsätzlich schon seit längerem hergestellt. Der Osten, der ja erst seit kurzem von der Leibeigenschaft befreit ist, hat durch seinen Weg zum Bolschewismus die falsche Richtung eingeschlagen. Beide sind bisher nicht zum Ziel gelangt. Der Osten ist im totalen Imperialismus steckengeblieben und der Westen in der verabsolutierten totalen Freiheit. Beide sind bis heute nicht zur Brüderlichkeit gelangt."

„Totale Freiheit? Also Freiheit in der Sackgasse?"

„Genau so."

„Das ist ein Paradoxon."

„Aber es stimmt. Freiheit an sich gibt es nicht. Freiheit ist immer nur in Alternativen denkbar."

„Das hab' ich schon irgendwo gelesen."

„Möglich."

„Und die innere Freiheit."

Sie lächelt: „Aber ja. Im Lager, wenn wir nachts wachlagen und ich sag' zur nächsten Pritsche hinüber: ‚Schlaf, kränk' dich nicht. Es wird alles gut werden' – das war meine innere Freiheit.

Wissen Sie, was eine Gehirnwäsche ist?"

„Sie meinen sicher wieder etwas anderes als das, was man im allgemeinen darunter versteht."

Sie nickt ungeduldig.

„Ich meine nicht die Zerstörung einer Persönlichkeit durch Suggestion und psychischen Druck, eine erzwungene Neuorientierung, unterstützt von Medikamenten – und doch meine ich das alles auch. Was war denn das in Rußland anderes als eine Zwangsumerziehung, eine gesteuerte geistige Neuordnung? Das Schlimmste ist, wir haben's gar nicht gemerkt, weil es so allmählich vor sich ging.

Man wurde so infiziert, daß man gar nicht mehr anders denken und sprechen konnte als so, wie man es jahrelang gehört hatte. Das brauchte keinen zusätzlichen psychischen Druck. Und der Hunger ist auch eine Art Droge.

Als ich wieder daheim war, hab' ich's erst an der Reaktion anderer gemerkt, wie ich verändert worden war: Ich hatte mir eine angepaßte Sprache angeeignet, um nicht zu Fall zu kommen. Es ist fast eine Art Schizophrenie, seine eigenen Gedanken in eine andere Denkweise und Sprache zu pressen.

Dieses Aufatmen, wenn man wieder eigene Gedanken denken, seine eigene unangepaßte Sprache sprechen lernt, diese Befreiung, wenn man wieder zu sich selbst finden darf!"

BELERPERTSCHATKI

„Wann werden wir mit Rußland fertig sein?"

„Nie."

„Ich verstehe. Denken Sie bitte an unser Buch."

„Ja, natürlich. Da muß ja mal ein Ende sein."

„Das Ende bestimmen Sie."

„Haben Sie sich schon über den Schluß Gedanken gemacht?"

„O ja."

„Und der Titel?"

„Der Titel steht."

„Soso. Und wann erfahr' ich das?"

Sie winkt ab.

„Alle abergläubisch, diese Künstler. Aber bitte: ich kann's abwarten. Mal werden Sie die Katze schon aus dem Sack lassen."

Sie liegt ausgestreckt auf ihrem Bett, krümmt die Finger beider Hände, hält sie mir entgegen. Die Fingergelenke sind verschwollen, die mittleren Gelenke verdickt. „Das wird Gicht. Es tut scheußlich weh." Als ärgere sie sich über sich selbst, steckt sie die Hände unter die Decke.

„Sie haben gefragt, wann wir mit Rußland fertig werden. Wir wollen versuchen, damit fertig zu werden. Aber wissen muß ich, ob ich Ihnen vom Belerpertschatki schon erzählt hab'?"

„Nein."

„Ach, bitt' schön, das sollten S' noch hineinschreiben, weil nicht alles im Lager eine Misere war."

„Wer oder was ist Belerpertschatki?"

„Das ist einer, der weiße Handschuhe trägt."

„Im Lager? In Potma?"

„Im Lager in Potma. Ein Aufseher trug immer weiße Handschuhe."

„Warum?"

„Weil er gesponnen hat. Er war überzeugt, das sei ‚Kultur'. Wenn er nur ein Spinner gewesen wäre. Aber außerdem war er noch ein Sadist, der uns alles zuleid getan hat, was ihm nur einfiel.

Er läßt sich zum Beispiel dreißig Gefangene kommen, die all ihre Habseligkeiten mitbringen müssen. Die haben schon gezittert vor Wut und wußten, warum. Dann läßt er alles, was sie besitzen, auf einen großen Haufen werfen. Was da zusammenkam an Kostbarkeiten, das kann man sich in unserer Zeit des Überflusses nicht mehr vorstellen: Bindfäden, Kämme, Tücher, Bleistifte, Seifenstückchen, Brot – und dann hat der Belerpertschatki alles durcheinandergeschmissen, und dann ist er weggegangen und hat gesagt: ‚Sucht euch euer Zeug wieder heraus.'

Im Winter war seine große Zeit. Die Latrinen lagen 200 Meter von den Baracken entfernt, und wir mußten immer mehrmals in der Nacht hinaus, denn wir hatten ja alle Wasser von dem vielen Hungern. Um nicht bei 40 Grad Kälte so weit gehen zu müssen, haben wir unsere Geschäfte immer hinter der Baracke verrichtet, sehr bemüht, immer dasselbe Schneeloch zu treffen, damit es nicht auffiel.

Aber der Belerpertschatki hat's natürlich gemerkt und hat getobt. Einmal hat er eine Gefangene erwischt und hat geschrien: ‚Stoi!'

Sie stand, und er hat sie bei der Kälte fünf Minuten mit ausgebreiteten Armen im Schnee stehenlassen.

Als er ihr dann befohlen hat zu gehen, hat sie gesagt: ‚Ich geh' nicht, du Hund. Ich bleib' stehen und erfrier, und man wird dir draufkommen, daß du schuld bist, und du kriegst 25 Jahre.'

Anrühren dürfen hat er sie nicht. Das war Lagervorschrift, daß nur weibliche Wächter uns anrühren durften. Er hat alles versucht. Sie hat sich nicht gerührt. In seiner Verzweiflung ist er dann in die Baracke gerannt und hat uns beschworen, sie hereinzuholen.

Wir haben sie mit Gewalt geholt. Sie hatte leichte Erfrierungen.

Im Sommer haben wir uns an dem Belerpertschatki gerächt. Potma war im Winter sehr kalt und im Sommer sehr heiß. In einer Ecke des Lagers floß ein Sumpfbach und bildete eine große Lacke. Da haben wir im Sommer immer unsere Wäsche gewaschen. Um diesem Kerl auch einmal etwas anzutun, haben wir uns etwas ausgedacht. In einer heißen Sommernacht zur Zeit der ‚weißen Nächte', wo alles taghell ist, sind wir zu Hunderten aus den Baracken und hinein in die große Sumpflacke, alle splitternackt.

111

Der Belerpertschatki stand auf seinem Wachturm und hat wahrscheinlich geglaubt, die Hölle sei los: Hunderte von nackten Weibern, der reinste Hexensabbat. Er hat sich abgewendet wie der heilige Antonius in der Versuchung. Wir haben geschrien und sind im Wasser umhergetobt; er hat in seiner Verzweiflung in die Luft geschossen, und von allen Seiten rannte Wachpersonal herbei, meist Männer. Mit der Kleinbahn, die die 36 Lagerpunkte in Potma verband, haben sie dann weibliches Wachpersonal herbeigeführt, und die haben uns auseinander- und wieder in die Baracken getrieben.

Es kam eigens eine Kommission aus Moskau, um zu erforschen, was sich da abgespielt hatte.

Wir haben uns über den Belerpertschatki beschwert, und er ist tatsächlich versetzt worden. Von dem Erlebnis dieser Badenacht haben wir jahrelang gesprochen.''

Sie sieht auf.

,,Ach, wissen Sie, ist das schade, daß die Zeit hier schon wieder zu Ende geht. Wäre das schön, wenn wir noch eine Woche hätten zum Sprechen. Das ist so wichtig: miteinander sprechen. Es tut so gut, dieses Drüber-Sprechen.''

,,Worüber?''

,,Über Sterben und Leben. Sehen Sie, ich sitze im Zug und frage einen Mitreisenden: Woher kommen S' denn, oder wohin fahren S' denn? Das wird er mir beantworten und in Ordnung finden. Wenn ich aber frage: Wo kommst du her? Wo gehst du hin? Dann bin ich die Verrückte.

Es gäbe so viel, worüber man viel mehr miteinander sprechen müßte. Über die Angst zum Beispiel.''

,,Haben Sie immer noch Angst?''

,,Das ist so schwer zu beantworten. Es gibt viele Arten von Angst. Als ich aus Rußland zurückkam, hatte ich Angst vor all dem, was ich dort erlebt hatte: Angst vor Willkür und Ungewißheit, vor Armut, Hunger und Kälte. Ich kaufte, was ich mir nur kaufen konnte. Ich wollte besitzen, weil ich hoffte, der Besitz würde mir Sicherheit geben. Jetzt, nach über zwanzig Jahren, habe ich eingesehen, daß das falsch ist. Wie ich damals gehandelt habe, das war menschlich verständlich. Andere hätten's genauso gemacht. Heute würde ich das nicht mehr tun. Diese Kette, diesen Ring würde ich mir nicht mehr kaufen. Heute weiß ich, daß Besitz belastet und keine Sicherheit gibt. Was man braucht ist Kleidung, Nahrung und ein warmes Zimmer."

„Es liegt an Ihnen, sich von allem zu trennen, was Sie als belastend empfinden."

„Das wird kommen, wenn es an der Zeit ist."

Sie sieht plötzlich auf mit einem Gesicht wie ein neugieriges Kind. „Meinen Sie wirklich, daß das ein Buch wird?"

Ich lege den Finger an die Lippen und klopfe dreimal an Holz.

Sie lacht ärgerlich.

„Alle abergläubisch, diese Künstler."

Die Schwester kommt und bringt das Abendessen: ein Joghurt und eine kleine Schüssel Apfelkompott. MO steht auf und setzt sich an den Tisch. Aber sie ißt nicht. Sie sieht zu dem großen Fenster hinaus. Das warme Wetter nach Ostern hat den Schnee geschmolzen und die Landschaft verändert.

„Frühling", sagt sie, „Frühling", fast verständnislos, als versuche sie, sich klarzumachen, was sie sieht. Es bleibt beim Bild.

„Wissen Sie, daß ich in Tschenstochau bei der schwarzen Muttergottes war?"

„Nein."

„Und in Lourdes. Und in Fatima."

„Und ‚diese süßliche Marienverehrung'?"

„Sie haben ein gutes Gedächtnis."

„Sie auch."

„Man kann sie ja auch anders verehren", lenkt sie ein, „jedenfalls war ich da."

„Und was haben Sie da gemacht?"

„Gebetet."

„Sind Sie einfach so hingefahren?"

„Nein. Ich hatte eine offizielle Einladung nach Polen und habe den Wunsch geäußert, auch nach Tschenstochau zu fahren und das Gnadenbild zu sehen.

Der Kabinettchef des Ministerpräsidenten und noch zwei Herren begleiteten mich. Es schien aussichtslos, als wir ankamen. Die Menschen standen Kopf an Kopf in der Kirche, wir ganz hinten. Natürlich gab ich mir die Schuld, weil ich die Verehrung der Muttergottes mit dem süßlichen Marienkult verwechselt hab'. So, hab' ich gedacht, das hast du davon. Keine Chance.

Da tippt mir eine Frau auf die Schulter.

‚Sie sind Ausländerin?'

‚Ja', sag' ich.

‚Sie wollen die Muttergottes sehen?'

‚Ja', sag' ich.

Sie führt uns weg, durch eine Tür, und wir stehen vor dem Gnadenbild. Meine kommunistische Begleitung hat sich auch niedergekniet."

„Und Sie haben gebetet?"

„Ja."

„Könnten Sie ohne Gebet leben?"

114

„Nein."
„Was bedeutet es für Sie?"
„Kraft. Zum Weiterleben."

Manchmal ist es mit dem Schreiben, sicher auch mit dem Malen, dem Komponieren, der Bildhauerei wie mit einem Instrument, das man spielt. Man spielt es jahrelang. Man übt, je besser man es beherrscht, um so länger, um so beharrlicher.

Übung macht den Meister? Das ist es nicht. Es ist die Erfahrung, daß man trotz beharrlichen Übens vor Rückschlägen nicht geschützt ist. Man fühlt sich sicher.

Schließlich hat man nicht umsonst jahrzehntelang geübt. Und plötzlich sitzt man in einem Engpaß, ausweglos, kann nicht vor und nicht zurück, hat nichts mehr im Griff. Das Instrument klingt falsch, hohl.

Nichts stimmt.

Es gibt sicher verschiedene Methoden, aus dem Engpaß herauszukommen, wie es verschiedene Arzneien gibt, um eine Krankheit zu heilen.

Geduld und Eigensinn sind probate Hausmittel. Geduld, der es auf Zeit nicht ankommen darf, und Eigensinn, der nicht mit dem Kopf durch die Wand will, sondern sich der Geduld zugesellt und seinen Zorn für später aufspart.

In so einen Engpaß geriet ich vor einem Vierteljahr nach unserem letzten Gespräch, als ich mich von MO verabschiedete. Sie war nicht gut beisammen. Ihre Stimme, diese flügellahme Stimme, die keines Aufschwungs mehr fähig schien. Wenn ich an dieses Wien dachte, das sie erwartete, kaum daß sie wieder kriechen konnte, an ihren Terminkalender. Bei aller Verplanung ihrer Zeit hatte ich plötzlich das Gefühl, sie habe keine wirkliche Zukunft mehr, wobei ich mich über meine Unfähigkeit ärgerte, einen so vagen Begriff wie „wirkliche Zukunft" genau zu erklären.

Ich hatte zu überhaupt nichts mehr Lust, als hätte die flügellahme Stimme mich angesteckt. Keine Lust zu Rechtfertigungen, keine Lust zu Gesprächen und schon gar keine zum Schreiben. Ich gab mich gelassen, weil mir nichts anderes übrigblieb, saß in meinem Engpaß, wochenlang.

Dann kam ein Brief vom Verlag: „Könnten wir nicht einmal dreißig bis vierzig Manuskriptseiten lesen?" Ich tippte und schrieb bockig: „Sie können sogar hundert lesen, aber ob und wie das weitergehen wird, weiß ich im Augenblick nicht."

Vom Verlag hörte ich nichts mehr.

Es war mir egal.

Aber ein Buch geriet mir in die Hand. Das war mir nicht egal. Es geht um die Zeit. Es geht an der Stelle, die mich traf, um die Frage nach dem „gelingenden Handeln" und um „die produktive Bedeutung des Widerstands". Es wird von produktivem Denken gesprochen, das sich am Widerstand erst entzündet. Es wird von Clausewitz gesprochen, der den Begriff der Friktion in das strategische Denken einführte: „. . . diese entsetzliche Friktion ist überall im Kontakt mit dem Zufall und bringt dann Entscheidungen hervor, die sich gar nicht berechnen lassen, eben weil sie zum großen Teil dem Zufall angehören . . ."

Er nennt ein anschauliches Beispiel: das Wetter als „Widerstand der Wirklichkeit" zur Planung „auf dem Papier".

Wenn mich gerade ein strategisches Beispiel in meinem Engpaß noch nicht überzeugt, so begeistert mich der gleiche Zusammenhang in einem anderen Beispiel: dem Gespräch.

Hier werde ich mit meiner eigenen Situation konfrontiert. Vom monologischen und dialogischen Gespräch ist die Rede. Das monologische, das immer nur den eigenen fertigen Gedanken entwickelt, wird als unfruchtbar bezeichnet, „denn fruchtbar wird das Denken erst, wenn im Gespräch der andere mitwirkt und wenn beide Seiten die Fragestellung in ständigem Geben und Nehmen, Einwenden und Fortführen weiterentwickeln".

Erst im dialogischen Sprechen wird das Denken als schöpferisch bezeichnet, „erst an den ‚Friktionen' entzündet sich die schöpferische Leistung des Gesprächs". Und nun wird die menschliche Planung mit dem „Typus des monologischen Denkens" verglichen und als unproduktiv bezeichnet, denn „Produktivität entzündet sich erst an der Reibung mit der Wirklichkeit." Der gesamte Text fordert zur „Auseinandersetzung" auf, auf die ihr „entspringende wahrhaft schöpferische Leistung des Menschen".

Wenn ich genau überlege, bin ich nicht durch einen Widerstand in einen Engpaß geraten, sondern eher durch die Passivität des kranken Gesprächspartners. Also bin ich durch eine Nicht-Herausforderung lahmgelegt worden, die sich ihrerseits wieder zu einer Herausforderung verwandeln muß: aktiv werden. „Erst die Hineinnahme des grundsätzlich Zufälligen macht die Bewältigung zu einer schöpferischen Leistung.‟

Ich habe den Leerlauf hingenommen. Aber ich bin nicht bereit, nicht mehr, „es‟ gehen zu lassen. Es muß weitergehen. Ich werde das einmal begonnene Gespräch nicht abreißen lassen. In diese Überlegungen fällt ein Anruf des Verlags: „Einverstanden mit Konzeption und Titel, über weite Strecken druckreif, weitermachen.‟

Am Abend des gleichen Tages ein Anruf von MO. „Können Sie ein paar Tage in mein Jagdhäusel kommen?‟

Ich fahre: neugierig, tatenhungrig, offen.

DAS JAGDHAUS

Von Wien aus noch eineinhalb Stunden mit dem Auto. Wald, Wald, Wald.

Noch eine Abbiegung von einer vielbefahrenen Straße. Das Auto hält vor einem Blockhaus am Hochwald.

Als ich mich vor fast vier Monaten von MO verabschiedete, sah sie aus wie eine alte Frau. Die Tür des Blockhauses geht auf, MO erscheint, winkt.

„Was haben Sie gemacht?" frage ich.

„Nix", sie lacht, „das sind die Stille und die gute Luft und die Freude. Außerdem bin ich ein Stehaufmandl. Kommen Sie."

Von außen schaut das Haus einfach aus. Nicht von innen.

Unten eine große Stube, oben, über eine ausziehbare Leiter zu erreichen, eine kleinere. Vom Boden über die Wände bis zur Decke ist alles aus Holz. Die fünf runden Balken an der Decke haben Stützfunktion, sind kein Zierrat.

Zierrat gibt es anderen, obwohl ich nicht weiß, ob man das so nennen darf. An den Wänden Jagdtrophäen von Hirsch und Bock und Gams, eine Schwarte auf dem Boden vom Wildschwein und Dachs und ein Balg vom Fuchs.

„Alles selbst geschossen?"

Sie nickt, macht mir einen Kaffee, und dann zeigt sie mir ihr Häusel mit einer kindlichen Freude: die praktische Küche, die eingebauten Kästen, sogar eine Dusche und alles unterkellert: „Na, is das a G'schicht? Und jetzt zeig' ich Ihnen noch was."

Aus einem Kasten holt sie eine große Tasche aus einem Sackstoff, der an die Zuckersäcke erinnert, wie sie die Kaufleute um die Jahrhundertwende geliefert bekamen. Sie packt aus: ein paar Hemden aus ungebleichtem Leinen, ein Kittel mit Stehkragen und langen Ärmeln aus dem gleichen Material, ein verwaschener Pullover, zwei schäbige Konfektionsröcke, ein dunkelblauer und ein geblümter, auf die deutet sie und sagt: „Die waren ‚für gut'."

Sie zögert, als müßte sie überlegen, was das heißt, und fügt hinzu:

118

„Halt für Ostern oder Pfingsten. Das hab' ich in Rußland getragen. Es war noch mehr, aber meine Mutter hat das andere verbrannt. Sie konnte es nicht mehr sehen. Das hier hab' ich gerettet."

Sie zeigt die Sachen wie Kostbarkeiten, wie andere Leute ihre Gemälde, ihr Porzellan, ihre Briefmarkensammlungen zeigen, ein Häufchen Textilien, fast vier Jahrzehnte alt, zu armselig, um sie in eine Altkleidersammlung zu geben.

Die Taillen- und Hüftweite der Kleidungsstücke ist auffallend schmal.

„Das hat Ihnen gepaßt?"

„Damals schon."

Ich ziehe den naturfarbenen Leinenkittel heraus. „Das könnten Sie noch tragen. Das ist fast wieder modern", und spüre sofort, wie unmöglich das ist, was ich da gesagt habe. Sie sieht mich nicht an, schüttelt nur kurz den Kopf, legt alles sorgfältig zusammen und schlichtet es wieder in den Sack, als wäre das ein Sturmgepäck, das sie jeden Augenblick wieder brauchen könnte.

Es ist siebzehn Uhr. Sie zieht sich um für die Pirsch, steht ungeniert in Hemd und Hose vor dem Kasten, sucht Wollstutzen heraus, eine Kniebundhose, einen grünen Pullover, Anorak und Wetterfleck.

„Am Hochstand wird's kalt, wenn man länger sitzt."

Sie stülpt einen kleinen grünen Hut auf. Die Frau Dr. Ottillinger aus der ÖMV ist nicht wiederzuerkennen. Die Patientin im Spital auch nicht.

Der Oberförster kommt. Es ist derselbe, der die „Lärchenzweige für den Altar" holte, ein Mensch, der ruhig wirkt, der scharf beobachtet, bevor er seinen Witz entläßt.

Ich habe Gelegenheit, mich in kurzer Zeit gründlich zu blamieren, obwohl ich es nicht drauf anlege. Schließlich habe ich die Zacken an dem dekorativen Hirschgeweih im Geschwindeblick gezählt. Es sind neun. (Sagt man zu so was schon „Kapitaler"? Oder erst ab zwölf Zacken? Und sagt man dazu überhaupt „Zacken"?)

Ich erkundige mich vorsichtig nach diesem Neunender und werde vom Oberförster lächelnd belehrt, daß ich zwar richtig gezählt habe, daß man diesen Hirsch aber als einen „ungeraden Zehner" bezeichnet, weil die eine Hälfte des Geweihs fünf und die andere vier Enden trage. Das beste wäre sicher gewesen, nicht weiter zu fragen, aber ich bin wißbegierig, und so deute ich denn auf das Fell unter dem Geweih und sage, das sei eine schöne Hirschdecke, (denn ich erinnere mich dunkel, daß das beim Wild alles anders heißt, also Maul = Äser, Augen = Lichter und so weiter und so fort.) Ich bin sehr stolz, denn ich weiß, daß das so heißt. Es trifft auch durchaus zu, aber diese Decke stammt nicht vom Hirsch, sondern von einer Gams. Wieder nichts. Als ich mich nach weiteren umherliegenden und -hängenden „Decken" erkundige, ist alles falsch, denn das Fell eines Wildschweins heißt Schwarte, ebenso das Fell eines Dachs', das Fell eines Fuchses dagegen nennt man Balg.

Als der Oberförster mit MO aufbricht, überlege ich kurz, ob ich den beiden viel Glück wünschen soll, ahne aber dunkel, daß ich damit Unheil anrichten könnte, und wünsche nichts, nicke nur freundlich, eine Freundlichkeit, die zu gleichen Teilen dem Wild wie dem Jäger gilt. Später fällt mir ein, daß „Weidmannsheil" sicher das Richtige gewesen wäre, aber da ist es zu spät.

Ich sperre die Tür ab, setze mich ans offene Fenster und sage laut: „Das gibt's ja gar nicht."

Alle Ganghofer-Filme fallen mir ein. Die Bäume rauschen, und natürlich rauscht auch ein Wildbach. Sonst tickt nur eine Uhr, und der Kuckuck schreit die vollen und halben Stunden. Das hätte mich sicher bald nervös gemacht. Obwohl ich mir nichts anmerken lasse, stellt MO die Uhr am Abend stillschweigend ab und läßt sie die ganze Zeit über stehen. Ab und zu rollt ein Auto vorbei, aber das ist gänzlich unwirklich. Ich komme mir vor wie im Heimatroman.

Wenn sie jetzt mit einem Bock heimkommt. Wo soll sie denn mit der Trophäe noch hin? Rund zwei Dutzend schmücken schon die Wände.

Ich war schon einiges in meinem Leben. Ein Weidmann noch nie. Und ich werde auch keiner.

Ob ich mal mitgehe? Vorausgesetzt, daß ich überhaupt für würdig befunden werde. Ich habe gehört, man dürfe nicht sprechen, nicht husten, nicht niesen, kaum schnaufen.

Nur pirschen.

In jedem Fall beschließe ich, mich zurückzuhalten. Vor allem nicht zu witzeln auf einem Gebiet, von dem ich nichts verstehe.

Nicht mal darüber, daß die elektrischen Birnen des Leuchters in Tonschalen stecken, die mit Trophäen von Rehböcken geziert sind.

Schließlich bin ich hier Gast.

Abends um neun Uhr kommen sie zurück, die beiden Jäger. Sie haben nichts geschossen. MO tischt auf: Nudelsuppe, Würstel und Senf, Brot und Käse. Wir haben Hunger.

Ich denke an ein Mittagessen in einem Wiener Nobelhotel, wo fünf Kellner um uns herumtanzten, so daß man kaum ein paar Worte in Ruhe sprechen konnte, ein Gang nach dem anderen wurde serviert. MO aß so gut wie nichts, mir verging der Appetit. Der Schmuck hing an ihren Armen wie ein Hohn, sie hing in ihrem Modellkleid wie ein Schlachtopfer. Sie kämpfte mit den Tränen. Ich konnte ihr nicht helfen.

Freunde, Menschen, das sind jedesmal Stichworte für sie. ,,Ein oder zwei, und es lohnt sich zu leben.''

Sie sieht sich um in ihrer Stube wie ein König in seinem Reich. Wir stecken die Füße unter ihren Tisch, und sie bemuttert uns.

Beim Essen stützt sie die Arme auf, erzählt laut und lebhaft, schlägt mit den Händen auf den Tisch, daß es kracht. ,,Sachen könnt' ich euch erzählen, wahre G'schichten aus dem Leben einer berufstätigen Frau.''

Und sie erzählt ein paar. Der Oberförster und ich halten's nicht für möglich.

,,Das kommt wirklich vor?''

,,Das und anderes mehr. Wenn ich das hier nicht hätte'', sie sieht sich wieder um, ,,ich wär' schon längst im Narrenhaus, obwohl da erst einmal ein paar andere hineingehörten.''

Ich schlafe unten in der großen Stube unter dem ,,ungeraden Zehner''. MO steigt nach oben. Ich schiebe die Leiter hinter ihr hinauf und schließe die Luke. Den Stab zum Öffnen und Hinunterziehen läßt sie mir unten.

,,Sie werden mich schon wieder hinauslassen.''

Ich schlafe so tief und gut wie als Kind und wache mit einem solchen Gefühl des Wohlbehagens auf, daß ich lange ganz ruhig liegenbleibe, um mich nicht zu stören.

Es ist fünf Uhr. Ich schlafe noch einmal ein, drei Stunden lang. Ein guter Platz.

Beim Bettenmachen spießt mich einer der glühbirnenverzierenden Sechsender an der Lampe ins Genick und bestätigt meinen Verdacht, daß alles, was mit der Jagd zusammenhängt, Vorsicht erfordert. Ich lasse mir nichts anmerken, denn es klopft von oben. Ich ziehe die Treppe herunter, MO erscheint, halb verschlafen.

Wir verbeugen uns, zwei rosagewandete Gestalten, die Situation ist vergnüglich.

Sie stellt einen Heizkörper in der großen Stube an. „Ich geh' gleich wieder hinauf in mein warmes Bett."

Und sie verkriecht sich wieder in der Sicherheit ihrer Schlafhöhle.

Ich würde gern etwas für sie tun, das Frühstück richten, ihr einen Kaffee ans Bett bringen, aber ich weiß nicht, ob es richtig ist. Sie sorgt gern für ihre Gäste. Ich lasse es, setze mich an den Tisch, fange an zu arbeiten.

Sie telefoniert nach Wien, wird angerufen. Dienstgespräche. Bis auf eins. Sie muß ihr Elternhaus in Steinbach verkaufen. Das große Haus mit seinen Erinnerungen.

„Ich kann's nicht mehr machen. Ich muß es tun, solange ich noch die Kraft dazu habe."

„ICH MUSS DARÜBER SPRECHEN"

Auf dem Tisch liegt Material über die Mission in Taiwan.

„Haben Sie mit der Mission zu tun?"

„Ich hatte. Das ‚Afro-Asiatische Institut' in Wien geht auf die Initiative von zwei Patres aus St. Gabriel, dem größten Missionsorden, zurück. Die Patres sind zu mir gekommen und haben mich um meine Mitarbeit gebeten, um Hilfe für die Entwicklungsländer. Wissen Sie, heute ist das sehr aktuell, aber damals war das Pionierarbeit."

„Wie sollte Ihre Hilfe aussehen?"

„Ganz einfach: Geld brauchten sie. Und so einfach war das nun auch wieder nicht. Mit dem Geld sollte ausländischen Studenten geholfen werden, Hilfe in jeder Art, also beruflich und familiär.

Ich fuhr nach Rom, traf mich mit einem Finanzexperten, wurde von ihm in den Vatikan geführt, mußte in einem Wartezimmer warten. Wer im Vatikan nicht warten lernt, lernt es nie. Ich wurde belehrt: Jeder Bischof hat Vortritt, egal, wann er kommt. Jeder Bischof darf zuerst zum Kardinal.

Gut. Die Türen gingen auf und zu, die Leute kamen und gingen. Ich wartete. Mit einem Mal ging eine Tür auf, der zuständige Kardinal erschien und entschwand.

‚Aus', sagte mein Experte, ‚der kommt heute nicht wieder.'

Ich ließ mich nicht entmutigen, wartete weiter. Nach einer Stunde kam er wieder. Ich gab nicht auf, bis die Tür zum Kardinal für mich aufging.

Ich erzählte ihm vom ‚Afro-Asiatischen Institut'.

Er hörte zu. Dann sagte er: ‚Sie brauchen doch kein Geld. Bei Ihrer Geschäftstüchtigkeit.'

Eben, dachte ich und blieb sitzen und sagte: ‚Ich brauche gerade vom Vatikan Geld. Man muß sehen, daß der Vatikan unsere Arbeit unterstützt.'

Er stand auf, verschwand hinter einer Tapetentür. Als er wiederkam, überreichte er mir ein Bild von sich und eine Perlmutterdose mit einem Rosenkranz. Ich sagte: ‚Vielen Dank, aber ich brauche Geld.‘

Der Kardinal gab nach. Er empfahl mich dem Bischof der zuständigen Kommission, mit dem ich eine weitere Stunde verhandelte.

Er sagte: ‚Sie bekommen Ihre Unterstützung. Wenn Sie nach Wien kommen, wird sie da sein.‘

Es stimmte. Und es war eine große Hilfe für uns.

Ich hab' mich aber, als das ‚Afro-Asiatische Institut‘ auf eigenen Füßen stand, zurückgezogen, weil es nicht mit meinem Namen verknüpft, sondern eigenständig sein sollte.“

Sie liegt wieder auf der Eckbank, ein paar Polster im Rücken, mit einer großen Wolljacke zugedeckt und lächelt dankbar.

„Ach – gut.“

„Das Langliegen?“

„Ja, einfach so. Was soll ich erzählen?“

„Wie immer: Was Sie wollen. Haben Sie sich vorbereitet?“

„Innerlich, o ja.“

„Und inhaltlich?“

„Nie. Das kommt, wie's kommt.“

„Gut.“

Sie schaut irgendwohin. Irgendwohin ist in diesem Fall ihre Küche, auf die sie gerade Sicht hat. Aber sie sieht sie nicht.

„In Hietzing hab' ich mal mit jemandem sprechen müssen bei den Exerzitien. Es war dringend. Ich mußte warten, ging im Garten auf und ab. Da war ein Kreuzweg, in Stein eingemeißelt. Ich bin von Station zu Station gegangen, immer wieder, und hab' mir gewünscht, auch einen Kreuzweg gehen zu dürfen, um all das wieder gutzumachen, was ich aus Leichtsinn, Oberflächlichkeit und falscher Gewichtzumessung bei meiner Arbeit versäumt hatte. Da lag Rußland schon hinter mir.“

„War das nicht genug?“

Sie schüttelt den Kopf.

„Ich wiederhole mich, denn das hab' ich sicher schon oft gesagt, aber es ist das einzige, was ich bis an mein Lebensende wiederholen muß: Rußland hat mich an eine Grenze gebracht, die zwischen Leben und Tod. Ich hab' über den Sinn meiner Rückkehr nachdenken müssen. Dieser Sinn konnte nichts anderes sein als Gott. Danach mußte ich nach der Rückkehr mein Leben ausrichten. Schau'n Sie", das sagt sie in einem fast verzweifelten Ton, „ich muß darüber sprechen aus einem inneren Zwang.

Es gibt wahrhaftig Leute, die sagen zu mir: ,Hören Sie doch auf, über Rußland zu sprechen, ich hab' auch eine schwere Jugend gehabt und sprech' nicht darüber.' So einem Menschen kann man nicht erklären, worum es geht. Er versteht nichts."

„Hatten Sie diese Erkenntnis, daß Rußland zu einem bedingungslosen Bekenntnis zu Gott werden sollte, schon im Lager?"

„Geahnt schon. Gewußt nicht. Ganz klar ist es mir erst nach der Rückkehr geworden. Im Lager hatte ich andere Erkenntnisse.

Aber ich muß noch zu dem Kreuzweg zurück. Es ist ja Größenwahn, sich so etwas zu wünschen. Diesen Kreuzweg ist nur einer gegangen. Vielleicht sollte ich von Kreuzwegen sprechen, jenen Stellen, wo uns Menschen über den Weg geschickt werden, Ereignisse sich kreuzen, jene Schnittpunkte, an denen sich alles zum Guten oder Bösen entscheiden kann."

Sie zögert.

„Sie wollten noch von Ihren Erkenntnissen im Lager sprechen."

„Ja. Zum Beispiel, daß der Mensch gleichzeitig groß und erbärmlich sein kann. Daß die schlimmsten Eigenschaften die Eitelkeit, der Neid und die Intrige sind, Eigenschaften, die ihn menschenunwürdig machen. Ein Beispiel: Wenn wir in der Zelle einen Intriganten hatten, gab es nur eins. Er mußte raus, und wenn wir alle in den Hungerstreik traten. Es war unmöglich, in einer so kleinen Gemeinschaft von drei oder fünf Gefangenen mit einem Intriganten zu leben. Und Intrigen entstehen aus Eitelkeit und Neid."

„Gab es denn für solche Eigenschaften im Gefängnis überhaupt Gelegenheit?"

„Haben Sie eine Ahnung. Gerade in Grenzsituationen schießen solche Eigenschaften ins Kraut. Und unter den Bedingungen der Gefangenschaft auch noch solchen zerstörerischen Kräften ausgesetzt zu sein – das ging über unsere Kräfte. Wenn in der Freiheit aus dem Hinterhalt geschossen wird, bleibt der Täter verborgen. Im Lager kannten wir den Schützen."

„Schafften Sie es, so einen Intriganten aus der Zellengemeinschaft zu entfernen?"

„Immer."

„Und wo kam er hin?"

„In eine andere Zelle."

„Und da?"

Sie zuckt die Schultern. „Das ging uns nichts mehr an. Jeder wollte überleben."

Sie denkt nach. „Wissen Sie, es gibt für mich zwei sichere Möglichkeiten, einen Menschen wirklich kennenzulernen: im Gefängnis und auf der Jagd."

„In der Gefangenschaft und in der Freiheit?"

„Jaja, ich weiß, wovon ich rede. Ich komme noch darauf zurück. Im Gefängnis werden Charaktereigenschaften, die wir draußen en passant aufnehmen, zu Konzentraten, nehmen die Formen menschlichen Zusammenlebens Modellcharakter an. Wenn man bedenkt, daß man jahrelang mit den gleichen Menschen eine Zelle teilt – da bleibt von der körperlichen Funktion bis zum Gedanken nichts verborgen. Am Anfang versucht man es, will einen Intimraum, eine Schutzzone, aber man hält es nicht durch. Im Gegenteil: Die Auslieferung ist ein Schutz."

„Geteilter Schmerz?"

„Ja, so ähnlich, wobei es schrecklich war, daß keiner ein Ende absehen konnte. Sehen Sie, wenn man sehr krank ist und der Arzt sagt: Ein Vierteljahr oder ein halbes, dann haben Sie es schon geschafft. Aber fünfundzwanzig Jahre."

GEDANKEN SIND KRÄFTE

„Wissen Sie, was für eine Rolle die Zahl in einer Zelle spielt? Die Drei oder die Fünf? Sehen Sie, wir waren alle arm und verzweifelt, ausnahmslos. Wir versuchten, unseren Kummer nicht zu zeigen, nicht zu weinen, den anderen nicht zu belasten, Rücksicht zu nehmen. Und nun nehmen Sie die Drei. Drei Gefangene in einer Zelle. Was ist natürlicher, als daß zwei sich besser verstehen, sich enger zusammenschließen, eine kleine Gemeinschaft bilden. Wo drei waren, war immer einer, der mehr gelitten hat.

Das Verstehen, das Sichhelfen zeigt sich in scheinbar lächerlichen Kleinigkeiten im Ablauf eines Tages. Zum Beispiel bei der Brotentgegennahme. Die Kamuschka (Durchreiche) ging auf. Der eine von der Zweiergemeinschaft nahm das Brot für den anderen mit. Der dritte holte es sich selbst. Oder wenn wir zum Waschen geführt wurden. In genau zwanzig Minuten hatten wir unsere Notdurft zu verrichten, uns selbst und unsere Wäsche zu waschen. Während der eine auf dem Klo saß, wusch der andere zum Beispiel dessen Wäsche mit. Man konnte Hand in Hand arbeiten, die Zeit besser einteilen. Oder die zwei saßen auf einer Pritsche, sprachen von der Zukunft, die sich keiner vorstellen konnte. Der dritte hörte zu. Und wenn er einbezogen wurde, wenn man sich ‚Mühe gab‘, dann war es fast noch schmerzlicher, weil er die Absicht spürte, wie man versuchte, ihm darüber hinwegzuhelfen, daß er allein war. Der dritte blieb immer der dritte. Es war keine böse Absicht. Die zwei wollten es ihm nicht antun. Es ergab sich einfach.‘‘

„Und genauso bei der Zahl Fünf?‘‘

„Nein, da war es nicht so schlimm. Man denkt an das fünfte Rad am Wagen, aber in der Zelle war es oft so, daß der fünfte bei zwei Zweierfreundschaften eine Art Zünglein an der Waage darstellte. Er konnte pendeln zwischen den beiden Kleinstgruppen, konnte jeweils ihr Gewicht verstärken. Diese Macht, die er ausüben konnte, hat ihm oft darüber hinweggeholfen, daß er eigentlich allein war.

Was wir in der Zelle alle gelernt haben, war Disziplin. Später habe ich oft überlegt, ob ich in ein Kloster eintreten soll. Man hat mir gesagt: Du? Nie!

Ich weiß, daß das nicht richtig ist: Keine Klosterfrau, welchem Orden sie auch immer angehört, wird einer solchen Disziplin unterworfen wie ein Gefangener, bei dem jeder Gedanke, jedes Wort, jede Bewegung wiegt."

„Haben Sie das damals alles schon so genau durchdacht oder sind es Gedanken und Erkenntnisse, die Ihnen erst in späteren Jahren in der Erinnerung aufgingen?"

„Ich wußte es gleich. Als ich in Baden bei Wien in eine Zelle geführt wurde und die Tür hinter mir zufiel, wußte ich, daß ich nicht mehr ich sein durfte, daß in Zukunft Herkunft, Titel, Stellung, Verdienste nicht mehr galten. Was ich als Mensch war, das blieb, das ist das einzige, was in der Zelle zählt.

Im Lager und in allen russischen Gefängnissen wurde diese erste Erkenntnis in meiner ersten Zelle bestätigt. Diese neue Wirklichkeit koppelte das Tun und die Gedanken über dieses Tun."

Sie bricht ab, denkt nach. Dann sagt sie: „In einer Zelle lernt man die Menschen kennen. Und auf der Jagd."

„Ja?"

„Auf der Jagd ist's auch schwer, sich zu verstellen. Es gibt Jäger, die jagen, und solche, die nur töten wollen."

„Und Sie? Warum jagen Sie?"

„Das ist etwas ganz Eigenartiges. Etwas, das mit dem Urinstinkt zu tun haben muß, aus Zeiten, da die Menschen sich ihre Nahrung erjagen mußten, wenn sie leben wollten."

„Ich bitte Sie: heute, im Zeitalter der Kühltruhen und Supermärkte."

„Das ändert nichts am Urinstinkt.

Früher bin ich viel geklettert. Das geht nicht mehr. Draußen sein muß ich. Ich lebe auf, wenn ich im Wald bin. So bin ich einfach mal mitgegangen und hab' geschaut. Und Schießen lernen wollt' ich auch. Ich habe es sehr schnell und gut gelernt. Und dann hat der Kampf mit dem Wild mich fasziniert."

„Kampf –?"

„Ja – auch wenn das kein Kampf mehr wie in Urzeiten ist. Das Wild ist mit vielen Eigenschaften ausgestattet, mit denen es uns über ist. Manchmal liegt man eine Stunde lang auf dem Bauch, den Finger am Abzug, den Bock vor sich, aber er macht die entscheidende Wendung nicht, die den Schuß freigibt, als wüßte er das. Auf dem Hochstand, kurz vor dem Schuß, wage ich nicht mehr zu denken, aus Angst, daß das Wild meine Gedanken ‚spüren‘ könnte.

Den Tötern, den Schießern, die von Hochstand zu Hochstand ziehen und auf Rekordzahlen pochen, gehe ich aus dem Weg. Wenn ich's schaffe, steige ich auch heute noch drei bis vier Stunden in die Berge, wo man sich den Schuß verdient. Am liebsten gehe ich mit Berufsjägern. Da lernt man noch."

Ich sehe mich in der Stube um mit den vielen Trophäen, entdecke ein dünnes Holzkreuz ohne Korpus zwischen dem Geweih des „ungeraden Zehners". Sie sieht mich schon wieder an.

„Von den Karmelitinnen. Und den Kruzifixus im Eck, den schau'n Sie sich auch an. Der ist mehr als drei Jahrhunderte alt. Aus der Pestzeit.

Gott", sagt sie laut, „was für ein Wort. Ein Wort für Unvorstellbares. Ich kann eigentlich nicht aussprechen, was nicht denk-, nicht vorstellbar ist, und muß es doch tun, weil Gott mich weiß. Ich muß sein Gedanke gewesen sein, ehe er mich schuf."

Ich erzähle ihr von einer Tauffeier, bei der ich unlängst war, und von einem Satz in der Predigt des Pfarrers: Ein Gedanke, der einmal gedacht ist, kann nicht mehr zurückgenommen werden.

Sie nickt: „Natürlich."

„Natürlich, wenn Sie wollen", sage ich, „und solange Sie sich als Gottes Gedanken und Werk betrachten. Aber denken Sie auch einmal darüber nach, welche Verantwortung dieser Gedanke uns Menschen hier auf der Erde auferlegt."

Sie nickt wieder: „Ich weiß. Darum muß man ja so vorsichtig sein mit den Gedanken, die man denkt, weil sie die Vorläufer zu Taten sind."

„Glauben Sie auch, daß man allein durch die Kraft des Gedankens dazu beitragen kann, das Gute oder das Böse in der Welt zu vermehren?"

„Ganz sicher. Man kann dem Teufel oder Gott etwas zuspielen."

Das Wort zuspielen, belustigt mich. Sie sieht mich an. Ich sage: „Jetzt sind wir bei Ihrem Lieblingsthema: dem Teufel."

„Lieblings – na, hören Sie mal. Da sieht man, daß Sie noch wenig Erfahrung haben."

„Sie?"

Sie richtet sich auf: „Bauen Sie mal eine Kirche."

„Da sei Gott vor." Ich hätte mich fast bekreuzigt.

„Sehen Sie. Ich habe eine Kirche gebaut. Und wo die Kirche ist, da ist der Teufel nicht weit. Seit ich diese Kirche angefangen habe, kenne ich ihn. Sie brauchen gar nicht zu lächeln. Der Teufel geht um. Ich habe lange Jahre geglaubt, daß Gott mich strafen wolle mit Leid und Krankheit und Schwäche. Heute weiß ich es anders."

„Gott läßt den Teufel ja zu", sage ich.

„Das sag' ich ja. Der Teufel wirkt sozusagen als zweite Instanz über die erste und letzte. Wir können uns zum Guten oder Bösen entscheiden. Das ist unsere Freiheit. Eine andere haben wir nicht. Gott stellt die Kulissen, und der Teufel versucht, sie zu verschieben, treibt sein Spiel, bezieht den Menschen ein."

„Sie hatten ganz schön verschobene Kulissen."

„Weiß Gott. Aber daß ich immer zum Guten ja sagen konnte, das ist meine Dankbarkeit, eine Dankbarkeit, auf der ich mich nicht ausruhen, in der ich mich nicht einrichten darf. Der Kampf gegen das Böse reißt nicht ab. Es gibt immer wieder Siege auf Widerruf und viele Niederlagen. Ich glaube, daß vor Gott der Kampf das Entscheidende ist.

Beim Kirchenbau hatte ich eine blitzartige Erkenntnis: Ich erkannte den von Gott zugelassenen großen Gegenspieler.

Seitdem lebe ich anders. Die Bedrückung, daß Gott strafen könnte, ist abgefallen. Ich sehe ihn nicht mehr zürnend und strafend, nur liebevoll. Das ist ein Wissen, das durch nichts mehr erschüttert werden kann."

„Sie meinen: ein Glaube."

Sie schüttelt den Kopf: „Ich weiß es. Ich habe es erfahren."

Der Gegenspieler scheint sie noch zu beschäftigen. Sie sagt: „Der Teufel legt Fallstricke. Der gefallene Engel kennt sich aus."

„Groß' Macht und viel List . . .?"

Sie nickt.

„Wenn er's gar zu arg treibt, wünsch' ich ihm die Pest an den Hals und geh' beichten. Dann läßt er mich eine Zeitlang in Ruhe.

Außerdem sag' ich mir immer wieder vor, was ich schon ausgehalten hab'. Wenn Gott zuläßt, daß mir Schweres auferlegt wird, wird er wissen, warum. Und er wird mir nicht mehr aufladen, als ich ertragen kann. Ich bitte ihn nie, mir etwas zu ersparen, sondern immer nur um die Kraft, daß ich's aushalt'. Im Grund bin ich gegen Gelübde, auch wenn ich schon welche abgelegt habe. Aber je mehr ich darüber nachdenke, umso unredlicher kommt es mir vor. Eine Art Handel: Gibst du mir dies, versprech' ich dir das. Ein Geschäft.

Ein Kampf ist redlicher, wie er auch ausgeht. Ich hab' mal mit einem Priester darüber gesprochen: über die Niederlagen auf dem langen Weg der Erkenntnis. Man wird manchmal so müde, hat keinen Mut weiterzumachen.

Er hat gesagt: ‚Wissen S' was? Schauen S' einen Stolperer an. Der kommt auch ans Ziel!'

Ich hab' aber erfahren, daß Kraft und Zuversicht Eigenschaften sind, die an Widerständen wachsen können. So hat noch der Teufel sein Gutes. Wissen Sie aber, was das Schwierigste ist? Wir haben schon mal darüber gesprochen. Eine Grundhaltung ist das geradezu für mich – und so schwer zu erreichen. Sie werden lachen. Es ist ein altmodisches Wort: Demut.''

Ich denke über dieses Wort nach, das fast aus unserem Sprachgebrauch verschwunden ist. Mir fällt das Wort Ehrfurcht ein, und ich begreife, wie eng beide zusammengehören, daß die Demut (nicht mit Unterwürfigkeit zu verwechseln) der Ehrfurcht entspringt und daß beide Wörter wieder zu Tugenden (noch so ein Wort, von dem man den Staub blasen muß) werden sollten, die wir in Zukunft brauchen könnten.

,,Wenn ich nicht geborgen wäre in Gott, wäre ich verloren. Hier bin ich nirgends wirklich geborgen. Ich arbeite hart. Letztlich kann ich meinen Beruf nur so ausüben, weil ich allein geblieben bin. Meine äußere Sicherheit, auf die die Leute hereinfallen, ist Routine. Niemand würde mir glauben, daß ich von Lebensangst bedroht werden könnte.

An meinem Arbeitsplatz bin ich für viele Menschen verantwortlich. Ich teile aus. Das geht an die eigene Kraft, die ich wieder zurückbekommen muß, um weiterleben zu können. Ich bekomme sie im Gebet. Und auch das klingt einfacher, als es ist. Oft hält Gott sich lange verborgen. Man lebt wie ein Fisch auf dem Trockenen, ganz allein in einer Wüste von Gleichgültigkeit und Stumpfsinn. Man wartet und bittet und darf nicht aufhören, zu warten und zu bitten.

Gemeinschaft habe ich nur zweimal in meinem Leben erfahren. Im Internat, wo wir alle die gleichen Kleider trugen, und im Lager, wo wir alle die gleichen Kleider und das gleiche Schicksal trugen. Aus dieser Zeit weiß ich, daß es Freundschaft gibt.

Wenn die jungen Menschen unserer Zeit, die so viele Schwierigkeiten haben, daß sie nur nein sagen und zerstören wollen, diese Menschen im Lager gekannt hätten, wäre ihnen geholfen: sie hätten Vorbilder."

Um die Mittagszeit kommt eine Frau, eine Bäuerin aus dem nächsten Dorf, bringt das Essen und einen Blumenstrauß.

Sie verehrt „die Frau Doktor" nicht nur. Sie liebt sie. Sie würde für sie durch jedes Feuer gehen. Man sieht es ihr an. Sie sagt: „Die Frau Doktor hat mir vor fünf Jahren das Leben gerettet."

Und sie erzählt von der schweren Operation, zu der die Frau Doktor sie gezwungen hat.

„Sonst säße ich heute nicht hier."

Am späten Nachmittag kommt der Oberförster. Kein Grund zum Weidmannsheil, außer einer Maus, die in der großen Stube in die Falle gegangen ist. Am Abend sitzen wir fast bis Mitternacht am Tisch, erzählen Witze und lachen schallend. Es sind wahre Witze.

„Die sind die besten", sagt der Oberförster.

Als wir allein sind, sagt sie: „Ich lach' so gern. Aber dann hab' ich immer Angst, weil ich meist bald darauf eine aufs Dach krieg'."

„Kein Grund, um nicht zu lachen", sage ich, „Sie werden das eine leichter verkraften, wenn Sie das andere gehabt haben."

Sie nickt.

„Hier geht es mir gut. Auch unsere Gespräche – wissen Sie, daß es das erste Mal in meinem Leben ist, daß ich keine Masken trage?"

„Wenn Sie Masken trügen, wäre ich nicht hier. Aber nehmen Sie die Masken nicht so ernst. Nur die Weisen haben das nicht nötig. Ein bissel Maskerade treiben wir alle."

„Ja?"

132

Sie steht schon auf der Harmonikatreppe, um nach oben zu gehen.

„Einen Augenblick noch", sage ich, „ich muß Ihnen noch sagen, daß Sie heute im Gespräch an manchen Stellen zu schwarz gemalt haben. Sehen Sie sich doch den Herrn Oberförster und die Frau M. an: Sie haben Freunde."

Sie nickt und lächelt: „Sie haben recht. Gute Nacht."

TRÄUME

Am Morgen, beim Bettenmachen, fährt mir wieder der Sechsender von der Lampe ins Genick. Ich werde den Kopf einziehen oder mich daran gewöhnen müssen.

Sie schläft bis elf Uhr. Ich schreibe. Mal wird sie ja Hunger kriegen.

Heute ist Hoffnung das Stichwort.

„Ohne die kann ein Mensch gar nicht leben. Er kann noch so niedergeschlagen sein –", sie stockt.

Ich habe Zeit, über das Wort niedergeschlagen nachzudenken, das mir in seiner ganzen Brutalität aufgeht.

„– hoffen muß er doch", sagt MO.

„Finden Sie nicht, daß er sogar umso mehr hoffen muß, je niedergeschlagener er ist? Je auswegloser seine Situation ist, so daß Hoffnung fast utopisch erscheint?"

„O ja. Das hab' ich erfahren. Man hofft umso inständiger, je auswegloser die Situation ist. Das ist kein Widerspruch. Hoffnung wächst an Aussichtslosigkeit."

„Und verspricht Zukunft?"

„Ja."

„Und wenn einer nicht hoffen kann in solchen Situationen?"

„Dann rückt der Gedanke an Selbstmord nahe. Ich fürchte, ich widerspreche mir, aber der Gedanke an Selbstmord kann auch eine Situation erleichtern: das Bewußtsein, die Freiheit zu haben, allem ein Ende zu setzen."

„Das ist dann aber das krasse Gegenteil von Hoffnung."

„Ja. Für einen ungläubigen Menschen ist die Versuchung, eine trostlose Situation durch Selbstmord zu beenden, groß. Für mich war es schwer, weil man nicht das Leben vernichten darf, das Gott geschaffen hat."

„Nur deshalb? Sind Sie sicher, daß mit einem Selbstmord wirklich alles zu Ende wäre?"

„Eben nicht. Ich fürchte, daß das Umbringen keine Lösung ist, weil ich glaube, daß es nach diesem Leben ein anderes geben wird. Und wer sagt uns denn, ob man sich da nicht mit noch Schwererem auseinandersetzen muß als hier mit der größten Verzweiflung."

„Eine Art Strafexerzieren?"

Sie nickt.

„Ich hab's in Baden in meiner Zelle ja versucht. Das hab' ich Ihnen schon erzählt."

„Sie wollten also etwas tun, was Sie nicht tun durften. Und Sie wußten, daß Sie es nicht tun durften."

„Ja, aber ich hab' so Angst gehabt vor Quälereien, vor den erpreßten ‚Wahrheiten‘, mit denen ich Menschen belasten sollte, die ich doch nicht belasten konnte. Damals dachte ich: Wenn ich mich umbringe, dann fällt die Schuld auf die, die mich in diese Lage gebracht haben. Ich saß wie ein Tier in der Falle, wollte raus. Einen anderen Ausweg hatte ich nicht. Heute weiß ich, daß das falsch war."

„Sie sind ja am Leben geblieben."

„Ja. Wissen Sie, es wiederholt sich vieles. Ich komme noch heute in Situationen, die ausweglos erscheinen. Es gibt viele Arten von Gefangenschaft."

„Aber auch viele Möglichkeiten von Befreiung."

„Ja. Gott sei Dank."

„Von meinen Träumen hab' ich Ihnen schon erzählt?"

„Ja. Sie spielen eine entscheidende Rolle in Ihrem Leben?"

„Von Kind an. Meine Träume, das ist ein zweites Leben, das ich mit dem sogenannten ‚wirklichen‘ koordinieren muß. Meine Träume stimmen immer."

„Legen Sie sie sich selbst aus?"

„Ja."

„Nach Büchern?"

„Nein. Ich hab' aus meinen Traum-Erfahrungen gelernt. Mit der Zeit hab' ich mir eine ganze Sammlung von Symbolen angelegt. Ich muß lachen, wenn die Leute sagen, ‚Träume sind Schäume‘. Für mich sind es Wahrheiten, die sich immer realisieren."

„Das zweite Gesicht?"

„Ja. Ich wünsche es keinem. Man lebt sehr schwer damit. Und

was das Schlimmste ist: Man kann die Realität, die man im Traumbild erkennt, nicht auslöschen. Wenn es Tag wird, weiß man, daß das eintreten wird, was der Traum ‚vorausgesehen‘ hat. Das ist furchtbar."

„Wollen Sie mir ein paar Beispiele erzählen?"

„Kennen Sie die zehn Träume schon, die ich zehn Tage vor meiner Festnahme auf der Ennsbrücke hatte?"

„Ich kenne drei. Den vom Pferd mit dem menschlichen Gesicht, den mit den herausbrechenden Spiegelscherben und den, der Sie als Gefangene zeigt mit geflochtenen Zöpfen, die Zöpfe mit einem herausgezogenen Faden aus ihrem Mantel gebunden, weil man Ihnen Kämme und Spangen weggenommen hatte. – Wissen Sie die anderen sieben Träume noch?"

„Als hätte ich sie eben geträumt. Aber das soll doch kein Traumbuch werden."

„Das wird es nicht, wenn Ihre Träume durch die Realität bestätigt werden."

Sie schüttelt den Kopf.

„Es sind welche dabei . . . die gehen nur mich an."

„Erzählen Sie nur, was Sie erzählen wollen."

„Ich erzähl' Ihnen den ersten von den zehn Träumen: Meine Mutter tanzt ganz hoch oben auf den Spitzen von Bergen. Barfuß. Unten steht unser Haus, in dem das Feuer ausgegangen ist. Ich habe Angst und rufe zu ihr hinauf: ‚Paß auf!‘ Sie stürzt, bleibt liegen. Die Rippen stehen ihr aus der Haut."

„Haben Sie heute noch Träume, die Wahrheit werden?"

„Ja. Schau'n Sie, manchmal träume ich ‚nur‘, obwohl jeder Traum eine Wahrheit ist. Dann wache ich ruhig auf und kann über das Geträumte nachdenken. Wenn ich aber auffahre aus dem Traum, Angst habe, und das Herz sitzt mir im Hals, dann weiß ich, daß etwas unmittelbar bevorsteht."

„Wollen Sie mir noch mehr erzählen?"

„Bevor mein Vater starb, träumte ich viele Nächte. Ein Raum, in dem er wohnte, stürzte ein. In einem anderen Traum sah ich meinen Vater als ein geistiges Wesen, erkannte ihn aber. Vor ihm stand die Mutter, die schon gestorben war. Er war der nächste.

Der dritte Traum führte mich in den Vatikan. Ich hatte eine

Audienz beim Papst. Als ich mich verabschiede, überreicht er mir ein Andenken, einen silbernen Ständer, eine verkleinerte Form der großen Ständer, an denen zu beiden Seiten des Sarges die Kränze aufgehängt werden. Auf dem kleinen Ständer hing ein Kranz aus blauen und gelben Strohblumen. Als mein Vater gestorben war, bestellte ich einen Kranz in einem Blumengeschäft. Es war November, es gab wenig Naturblumen. Die Verkäuferin sagte: ‚Ich mach' Ihnen was Schönes.' Als ich den Kranz abholte, war es einer aus blauen und gelben Strohblumen."

„Farbig?"

„Ich hatte noch nie einen Schwarzweißtraum. Ich träume immer in Farben."

„Schön?"

„Es kommt auf den Traum an."

„Konflikte mit dem Glauben bringen die Träume nicht?"

„Nein. Das steht beides für sich." Sie überlegt.

„Die Träume beweisen mir, daß es etwas gibt, jenseits der Vernunft . . . eine Schau in die Zukunft, in etwas, das sich noch nicht ereignet hat. Es muß also etwas geben, auch im heutigen ‚modernen' Menschen, eine Art Sende- und Empfangsgerät . . . ich weiß nicht, wie ich mich ausdrücken soll . . . vielleicht war das dritte Auge der Zyklopen ein Sender und Empfänger zugleich. Vielleicht besteht die ‚Sprache' der Toten nicht mehr aus Worten, sondern aus Symbolen . . ."

„Haben Sie mit einem Traum schon einmal etwas verhindern können? Ich meine, daß Sie Gefährdete warnen konnten?"

„Nie. Natürlich hab' ich sie gewarnt, aber es hat nichts genützt."

„Wollen Sie mir noch ein Beispiel erzählen?"

„Ja. Freunde von mir wollten verreisen, mit einem Auto, das von einem Chauffeur gefahren wurde. In meinem Traum tritt ein Brautpaar auf. Die Braut ist schwarz gekleidet und trägt einen Korb mit weißen Kirschen. Den gibt sie der Frau des Chauffeurs.

Diesem Traumbild folgt ein zweites. Ich sehe das Auto auf der Straße fahren, höre ein Krachen, drei Koffer fliegen auf die Straße. Einer ist völlig zerstört, es war der des Chauffeurs, der tödlich verletzt wurde, einer nur beschädigt, er gehörte einem leicht verletzten Mitfahrer, und einer war heil, nur die Kleider waren durcheinandergeworfen, der gehörte einem unverletzten Mitfahrer. Ich hab' meine Freunde beschworen. ,Fahren Sie nicht, Sie werden verunglücken.'

,Ich bitt' Sie', hat einer gesagt, ,das ist doch alles Einbildung.'

Sie sind gefahren. Ich fuhr mit meinem Chauffeur in Wien über den Schwarzenbergplatz, bekomme plötzlich keine Luft mehr, reiß' die Fenster auf: Es war der Augenblick, in dem das Unglück, das ich vorausgesehen hatte, passierte."

„Können Sie sich an den letzten der zehn Träume, den Sie am Tag Ihrer Verhaftung träumten, noch erinnern?"

„O ja. Aber den brauch' ich Ihnen nicht mehr zu erzählen, weil Sie ihn schon kennen. Es ist der mit dem Zelt, das um mich zusammenfällt und den Blick freigibt auf einen Fluß, in dem Ratten und Mäuse schwimmen. Der mit den sieben herausbrechenden Spiegelscherben, einer für jedes Jahr Gefangenschaft in Rußland.

Einen der schrecklichsten Träume hatte ich im Lager in Potma: Ich hab' eine Stadt gesehen und bin hineingegangen. Ich hab ein weißes Kleid angehabt. Wie ich durch die Straßen geh', kommen Menschen aus den Häusern. Sie haben fast keine Gesichter mehr, ihre Haut ist glitschig wie Fleisch, das in Verwesung übergeht. Sie strecken die Arme nach mir aus, greifen nach mir. Von manchen Armen hängt das Fleisch in Fetzen herunter. Ich bin gerannt, alle hinter mir her. Ich komm' an eine Stiege, lauf' hinauf, die Arme und Hände erreichen mich fast. Ich stehe in einer Kapelle, bin gerettet. Diese Stadt war für mich der Inbegriff der Sünde: Babylon.

Damit Sie aber sehen, daß das Schwere eine durchaus andere Seite haben kann: Meine Fähigkeit, Träume zu deuten, war im Lager für mich eine Erwerbsquelle. Das sprach sich herum. Die Ukrainerinnen kamen scharenweise. ,Margarita, deut' mir meinen Traum!' "

„Konnten Sie zu dieser Zeit schon Russisch?"

„Schlecht genug. Ich hab' halt geradebrecht. Es hat gereicht. Jedenfalls hab' ich dadurch manches Stück Brot mehr essen können."

Sie sieht mich an.

„Und jetzt erzähl' ich Ihnen noch einen Kindertraum.

Ich stehe vor einem Richter in langem Talar. Er hält eine Pergamentrolle, die er langsam aufrollt und mir eine Reihe von Anklagepunkten vorliest. Ich hab' sie vergessen. Aber mein Urteil höre ich deutlich: ‚Frau Dr. Margarethe Ottillinger, ich verurteile Sie zum Tode.‘ Ich drehe mich um. Der Galgen ist aufgeschlagen. Ich gehe die Stufen nach oben. Die Stimme des Richters trifft mich: ‚Sie dürfen sich von Ihrer Mutter verabschieden.‘ Ich gehe die Stufen wieder hinunter. Meine Mutter steht vor mir. Sie legt ihre Hände um mein Gesicht und sagt: ‚Es tut nicht weh. Es tut bestimmt nicht weh.‘

Als ich das träumte, war ich neun Jahre alt. Ich habe den Traum nie vergessen. Zwanzig Jahre später, im Gefängnis in Rußland, habe ich oft daran gedacht, auch wenn ich nicht, wie im Traum, zum Tode verurteilt worden war. Nur zu fünfundzwanzig Jahren Zwangsarbeit.“

DAS LAGER ALS SCHULE

„Von den Menschen im Lager muß ich noch erzählen. Im Lager gab es keine Schule, wo man etwas lernen konnte. Das Lager selbst war die Schule, in der ich mehr gelernt habe als auf allen Schulen und Universitäten. Wissen Sie, wenn man auf eine unvorstellbar lange Zeit aus seiner gewohnten Umgebung gerissen wird, aus allen Bindungen, dann traut man ihnen allmählich nicht mehr. Man verschiebt sie fast in den Bereich der Träume. Man sagt sich: Das wirkliche Leben kann das nicht gewesen sein. Während man in der Wüste eine Fata Morgana für Wirklichkeit hält, ist das im Lager umgekehrt: Das wahre Leben ist jetzt und hier.

Ich hab' die Menschen in meinem neuen Leben genau beobachtet. Je besser ich die Sprache beherrschte, umso besser konnte ich sie kennenlernen. Das war eine Ansammlung aus allen Schichten, aus allen Völkern der Sowjetunion. Ich habe viele Persönlichkeiten kennengelernt. Eine Persönlichkeit, das konnte ein ukrainischer Bauer oder ein Hochschulprofessor sein. Bildung spielte bei der Art Persönlichkeit, die ich meine, keine Rolle. Ein riesiges Mosaik setzte sich da zusammen.

Das ist die Sowjetunion, dachte ich, die Gefangenen hier im Lager. Die draußen in der Freiheit lebten, hielt ich für Opportunisten. Und ich war nicht die einzige, die so dachte. Das ging so weit, daß viele Lagerinsassen ‚die da draußen' bedauerten, weil ihnen noch bevorstand, was die Gefangenen schon hinter sich hatten. Die mußten dann erst mühsam lernen, was wir schon geübt hatten.

Im Lager mußten wir arbeiten. Wie und was, unter welchen Bedingungen, das hab' ich Ihnen schon erzählt. Nach der Arbeit konnten wir sprechen. Und das taten wir, auch wenn wir todmüde waren. Was uns immer wieder zum Sprechen trieb, war das nie ermüdende Interesse, die Neugier am anderen Menschen. Für mich aus der westlichen Welt war das ein endloses Lernen, wenn ich mit einer Mongolin, einer Ukrainerin, einem Menschen aus Usbekistan oder einer anderen Republik der Sowjetunion sprechen konnte."

„Waren Sie im Lager willkürlich zusammengewürfelt?"

„Der Gesundheitszustand der Gefangenen war ausschlaggebend. Wo einer herkam, von weit her oder nicht, aus welcher sozialen Umgebung, das spielte keine Rolle. Wichtig war: Was konnte er im Lager leisten?

Das klingt nach Landsknechthaufen, grob und undifferenziert. Und doch hatte jeder von uns das Gefühl: Wir sind eine Elite."

„Eine elende Elite?"

„Äußerlich schon. Aber wer kräftige Hände hat, kann durchaus auch einen klugen Kopf haben.

Die Sorgen der meisten Gefangenen drehten sich um daheim, um Nachricht von daheim. Das war für mich so aussichtslos, daß diese Sorge wegfiel. Mein Gedanke war von Anfang bis Ende: Ich bin nicht schuldig.

Die meisten Gefangenen hatten diesen Kampf aufgegeben, weil er ihnen aussichtslos erschien, hatten das Urteil angenommen, hatten versucht, sich abzufinden, sich einzurichten.

Einrichten mußte ich mich auch, wenn ich überleben wollte, abfinden durfte ich mich nicht. Aus dem gleichen Grund. Wer das Urteil akzeptiert hatte, kam in die Arbeitswelt des Lagers. Das war besser als Gefängnis. Im Lager konnte man aufs Klo gehen, wann man wollte, im Gefängnis nur morgens und abends. Sie werden denken, das sei nicht wichtig oder gar lächerlich. Es ist weder das eine noch das andere. Das wird zu einem Trauma, von dem man nicht mehr loskommt. Ich bin jetzt dreiundzwanzig Jahre wieder in der Freiheit und werde diesen Zwang nicht los, bei jeder Gelegenheit ein WC aufzusuchen. Ich müßte gar nicht gehen, aber die Freiheit, daß ich es zu jeder Tages- und Nachtzeit tun kann, muß ich nützen. Das kann man Menschen, die nie unter solchem Zwang standen, wohl nie klarmachen.

Ein anderes Trauma, viel schlimmer, sind bestimmte Geräusche. Das Klirren eines Schlüsselbunds, das Drehen eines Schlüssels im Schloß, gleich darauf das Öffnen einer Tür. Ich zittere äußerlich nicht mehr wie damals, wo jedes Schlüsselumdrehen und Aufschließen neue Angst und Ungewißheit bedeutete, aber innerlich schüttelt's mich heute noch.

Die Russen sind im Grunde gutmütig, herzlich, hilfsbereit. Auch manche unserer Wächter. Man sprach miteinander, es war nicht jeder des anderen Feind. Kaum kommt ein Höhergestellter, steht eine Kontrolle bevor, wird man zur Nummer, ist nur ein Glied in einer Kette.

Das gilt nicht etwa für das Wachpersonal, sondern auch für viele Gefangene. Es wohnen fast in jedem Sowjetbürger zwei Menschen: einer, der nach außen agiert, einer, der sein Innenleben lebt und kaum preisgibt. Und was das Schlimmste ist – man wird mit der Zeit auch so. Wir waren alle schizophren.

In der Lubjanka war ich mit Gefangenen zusammen, die aus der Emigration zurückgekommen waren. Diese Emigranten, die aus der westlichen Welt kamen, und die Sowjetbürger begegneten sich wie Bewohner verschiedener Planeten. Die einen sagten: ‚Das kann nicht sein – das ist doch nicht unser Rußland.‘ Die anderen sagten: ‚Aus welcher Gegend, aus welchem Jahrhundert kommt ihr? Religion? Was soll denn das?‘ Die gleiche Sprache reichte zur Verständigung nicht mehr aus.‘‘

,,Können Sie mir von den Emigranten mehr erzählen?‘‘

,,Das sind Sowjetbürger, die das westliche Leben kennengelernt hatten, die die Sowjetunion kritisch betrachteten. Die Regierung stand vor der Aufgabe, zu verhindern, daß der Westen an Attraktivität gewann und daß sich das herumsprach.

Es erging an die Emigranten die Aufforderung, zurückzukommen. Die wiederkamen, waren solche, die im Westen nicht richtig Fuß gefaßt, die kein Glück gehabt hatten. Sie wurden, über das ganze Land verteilt, angesiedelt. Von diesen heimgekehrten Emigranten drohte keine Gefahr, daß sie für den Westen Propaganda machen würden. Wenn sie herausgefordert wurden, wenn andere nach den Segnungen des Westens, seinen Konsumgütern, dem Lebensstandard fragten, antworteten sie, daß das auch nur für diejenigen zutreffe, die sich durchsetzen könnten.

Im Gefängnis saßen die, die der Westen ‚verseucht‘ hatte, die durch ihre Propaganda hätten gefährlich werden können. Das aber fiel unter den berühmten Gummiparagraphen des ‚Antisowjetischen Verhaltens‘ und genügte für die Gefangennahme.

Das Groteske an der Situation in meiner Zelle in der Lubjanka war, daß zwei von meinen Zellengenossen Emigranten und zwei

Sowjetbürger waren. Beide waren aus dem gleichen Grund, ‚Antisowjetisches Verhalten‘, angeklagt und eingesperrt worden.‘‘

„Die vielen Gefangenen‘‘, sage ich, „der Staat muß sie doch füttern.‘‘

„Von wegen‘‘, sagt sie, „das sind doch Arbeitskräfte für das riesige Land. Wo sollte es die sonst in solcher Zahl herbringen? Die Arbeitskräfte werden über die Gefängnisse eingebracht. Zum Ziegelbrennen, zum Verlegen von Eisenbahnschienen, für die Bergwerke. Natürlich mußte man sie füttern, denn wenn man sie verhungern ließe, hätte man keine Arbeitskräfte mehr. Heute macht man das mit Freiwilligen. Die Leute werden regelrecht offiziell angeworben für die Kolonisationsbereiche. Es gibt Vergünstigungen, die es lohnend erscheinen lassen, für ein paar Jahre in solche Gebiete zu gehen. Es gibt zusätzliche Bezahlung, auch Frührente.

Wir haben vorhin vom Füttern der Gefangenen gesprochen. Einmal bin ich in den Hungerstreik getreten.‘‘

„Bei den Rationen?‘‘

„Ja. Das war auch im Gefängnis. In der Budirskaja. Ich trug eine kleine Prothese für die vorderen Zähne, die brach bei dem harten Brot entzwei. Ich meldete mich, wollte zum Zahnarzt.

‚Nix‘, hieß es, ‚Sie können so auch essen.‘ Das konnte ich zwar, aber ich wollte zum Zahnarzt. Ich erklärte: ‚Ich trete in den Hungerstreik.‘‘‘

„Mit oder ohne Wasser?‘‘

„Ohne.‘‘

„Ich kam in eine andere Zelle. Bekam nichts mehr zu essen und zu trinken. Und das Sprechen wurde mir auch verboten.

Das Hungern machte mir nicht viel aus, aber der Durst. Am ersten Tag war die Kehle schon ganz trocken und rauh wie ein Reibeisen. Am zweiten Tag hatte ich fast keine Stimme mehr, aber ich brauchte ja keine. Jeden Tag fragte man mich: ‚Brechen Sie ab?‘

‚Nein.‘

Aus meiner Unterhose hatte ich einen Faden gezogen und die Prothese mit einem Mascherl zusammengebunden. Damit konnte ich nicht beißen.

Ich wollte zum Zahnarzt.

Am fünften Tag war ich schon sehr schlecht beisammen. Am

Nachmittag kam ein Offizier und führte mich zum Natschalnik, dem Gefängnischef über Tausende von Gefangenen. Ich wurde aufgefordert, ‚Platz zu nehmen‘, sicher nicht aus Rücksicht auf mich, sondern um mir zu zeigen, daß man eine kultivierte Nation war. Ich trug meine Beschwerde kurz und krächzend vor. Wenig später: ‚Ottillinger, zum Zahnarzt.‘

Meine Zähne wurden gerichtet.

Das Schönste kommt noch. Am Abend geht der Schieber zur Kamutschka auf: Der Wächter hatte mir alles Brot der letzten fünf Tage aufgehoben. Wir saßen in der Zelle zu viert auf unseren Pritschen und haben ein Brotfest gefeiert.

Von meiner täglichen Ration habe ich mir sonst immer ein kleines Stück aufgehoben und gegessen, wenn ich in der Nacht vor Hunger aufwachte. An diesem Abend nicht. Wir wurden alle satt und haben in der Nacht gut geschlafen.“

„Sie wollten mir noch von der ‚Kultur‘ im Lager erzählen.“

„Sie brauchen das gar nicht in so einem Ton zu sagen. Es gab eine. Wir hatten bekannte Volkssänger und Schauspieler, Russen und Ukrainer. Manche hatten herrliche Stimmen. Es wurde Theater gespielt und gesungen.“

„Auch Musik?“

„Nein. Kein einziges Instrument, nicht mal eine Gitarre oder eine Harmonika, von Klavier und Geige ganz zu schweigen. Trotzdem wurden großartige Geräuschkulissen erfunden, mit Eßgeschirren und Löffeln, Holz und Stein – so kreativ kann man in der Freiheit gar nicht werden.

Die Veranstaltungen, die wir nach der Arbeit planten, wurden von den Lagerchefs immer gern genehmigt, nicht nur wegen der Gefangenen, um denen eine Freude zu machen, sondern vor allem wegen der ‚Freien‘, die rund um das Lager lebten. Wir hatten immerhin Schuhe und geregeltes Essen, während die ‚Freien‘ kein Leintuch und keine Schuhe kannten, nur Fetzen, mit denen sie die Füße umwickelten. Von Theater oder Kino hatten sie keine Ahnung. Das Ensemble, das sich im Lager bildete, war eine willkommene Abwechslung für die Gefangenen, das Wachpersonal und ‚die von draußen‘. Auch die Feste des Jahres haben wir gefeiert. Weihnachten und, noch feierlicher, Ostern. Manche bekamen Pakete von daheim, und wer ein Ei oder ein Stück Kuchen verschenken konnte, tat es. Einmal haben wir sogar eine Brottorte auf dem Ofen gebacken, ein unerhörter Luxus."

Der letzte Abend. Morgen muß ich fahren. Als sie fertig umgezogen ist für die Pirsch, sieht sie mich kurz an. Einen Augenblick bin ich in Versuchung. Es regnet, so ein katzengraues Wetter, das mag ich. Der Hochstand ist überdacht. Jetzt vier Stunden im Wald.

„Es geht nicht", sage ich, „Sie wissen, ich bin ein entsetzlich pflichtbewußter Mensch. Und jetzt hab' ich Zeit zum Schreiben."

Sie nickt.

Der Oberförster fährt mit dem VW vor, sie fahren ab. Es ist wieder so still, daß man unterm Schreiben auf die Stille hört. Das Rauschen des Baches ist fast etwas zum „Einhalten".

Der Blätterstoß in der Ringmappe, auf dem ich schreibe, der am Anfang so dick war, wird immer dünner. Ich lande auf dem letzten Blatt in der letzten untersten Ecke. Aus. Fertig.

In diesem Augenblick fährt der VW vor. Es ist neun Uhr. MO ist in heller Wut. Ein Bock ist ihr entgangen.

„Schießen Sie ihn", hat der Oberförster gesagt, „aber wie soll ich ihn schießen, wenn er – der Bock – dauernd ungünstig steht? Und an dem Trumm Oberförster hätt' ich auch noch vorbei müssen."

„Das Trumm Oberförster", übrigens eine gezielte Übertreibung, ißt einen Apfel und läßt den gut gespielten Zorn lachend verrauchen, bevor er eine objektive Schilderung gibt.

Ich sitze wie ein friedlicher Pufferstaat zwischen den beiden Parteien und amüsiere mich, wage es, der Theorie des Oberförsters zuzustimmen: „Die Frau Doktor hatte die richtigen Augengläser vergessen, die ‚Schießbrille', das hat der Bock gesehen und die Konsequenzen gezogen – die Situation ist klar."

„Ihr" – grollt sie, „mir so in den Rücken zu fallen. Ihr seid's ja ka Nudelsuppn wert."

Wir lachen alle drei, und sie geht in die Küche und richtet das Abendessen.

Bös kann sie nicht mehr sein, denn die Schalen mit Hollermus sind gefüllt bis an den Rand. Daneben legt sie mir einen frischen Fichtenbruch: „Weil Sie so fleißig waren."

„Hatten Sie den schon für den Bock abgebrochen? Prophylaktisch –?"

„Sie . . ." zischt sie.

In der letzten Nacht schlafe ich unruhig. Nicht nur, weil wieder eine Maus in der Stube springt und raschelt – ich habe nichts gegen Mäuse –, es ist etwas anderes. Ich habe Abschiedskummer. So ein richtiges Ziehen in der Bauchgegend, wie ich es als Kind hatte, wenn es nach den großen Ferien wieder in die große Stadt ging. Alles andere hätte ich erwartet.

Was weiß MO davon?

Wir sitzen beim Frühstück. Schweigsam.

„Na", sagt sie, „möchten Sie das Hüsli mitnehmen?"

Ich trinke meinen Kaffee. Danach ist mir schon sachlicher zumute. Wohler vor allem.

Wir machen einen Lageplan.

„Im November?"

„Ja", sagt sie, „das geht vier bis fünf Tage, wenn wir das Wochenende dazunehmen."

„Wo?"

„Ja – wo wohl? Hier natürlich. Oder sagen Sie mir einen anderen Platz, wo wir so sprechen können."

Das Ziehen in der Bauchgegend wird besser.

MO steht auf der Treppe. Wir winken, bis das Auto hinter dem Wald verschwindet.

STEINBACH

„Steinbach müssen Sie noch kennenlernen."

Ich fahre. Einen Nachmittag und einen Abend, länger geht es diesmal nicht.

Es ist auch nicht nötig.

Mein Anorak, den ich seit zwei Wochen nicht finde, liegt im Wohnzimmer.

„Haben Sie den nicht vermißt?"

„Doch."

Daß ich ihn im Jagdhaus vergessen habe, freut mich. Wo man etwas liegenläßt, dahin kommt man wieder. MO hat mich am Bahnhof abgeholt. Wir fahren eine halbe Stunde. Durch viel Grün. Sie zeigt zu beiden Seiten der Fenster ins Freie, wo ganze Wohnviertel im Grünen stehen.

„Hier war zu meiner Kinderzeit nichts als Wald und Wiese."

Wir halten.

Das Haus ist sehr groß, langgestreckt. „Sehen Sie, dieser Teil war früher das Jagdhaus, dieser war Remise, für Wagen, Kutschen und Schlitten."

Ein alter Schlitten ist noch übriggeblieben. Das Haus ist viel größer, als es wirkt. Das machen die Bäume. Ein hoher Birnbaum vor dem Eingang, daneben ein üppiger grüner Riesenbaum-Busch.

„Eine Magnolie. Auf der anderen Seite steht noch eine. Ich hab' sie vor dreiundzwanzig Jahren, als ich aus Rußland zurückkam, selbst gepflanzt."

Und Pappeln und meterhohe Thuja, eine Weißtanne, viel Wind in den Bäumen, endlich Sommerwind. Es war lange kalt. Das Thermometer zeigt über dreißig Grad.

„Zuerst das Haus."

Wir gehen durch die Küche hinein. Ein weiß gestrichenes Deckengewölbe, Eisschrank, das schon, aber nur ein kleiner Elektrokocher mit zwei Platten. Der Herd wird noch mit Holz und Kohlen geheizt.

Urväter-Hausrat, Kupfer und Messing, so schön, wie ich noch keines gesehen habe. Eine kupferglänzende Kaffeekanne, die leicht drei Liter faßt (früher waren die Familien größer), zwei Deckelbüchsen aus dem gleichen Metall, schöne alte Backformen, Pfannen und Tiegel an den Wänden, tiefrot spiegelnd.

„Wie alt ist das Haus?"

„1776 erbaut, also fast 200 Jahre. 1928 war ein großer Brand. Der hat aber nur das Holz vernichtet. Fundamente und Mauerwerk sind erhalten geblieben."

Das Wohnzimmer, bleiverglaste, farbige Fensterscheiben, hohe, schwere Möbel, altväterisch und gemütlich, viel Raum, viel Licht.

Der Gang durch das Haus dauert fast zwei Stunden. Sie läßt auch Dachboden und Keller nicht aus. Treppauf, treppab. MO hat mehr als ein Dutzend Schlüssel in der Hand, große und kleine, schwere und leichte, alte und moderne. Mit diesen Schlüsseln an einem Bund könnte sie neben jeder Burgfrau des Mittelalters bestehen. Es fällt mir auf, daß sie sehr leise mit den Schlüsseln hantiert. Kaum ein Klirren.

Wir sind ganz allein im Haus. Es ist sehr heiß.

„Wieviel Zimmer . . .?"

Sie winkt ab, als wäre ihr das Nachzählen zu mühsam. „Ich habe 32 Heizkörper im Haus."

Auf dem Dachboden steht ein brauner Holzschemel, staubig. Ich setze mich, sehe mich um. Körbe, aus Maisstroh geflochten, zwei Henkel an beiden Seiten, ein alter runder Klaviersessel, drehbar, er quietscht, Matratzen, Bauernkästen, das alles – und wo wird es landen?

„Bitte, schenken Sie mir das Stockerl", sage ich, ohne zu überlegen, und deute auf den Holzschemel, auf dem ich sitze.

„Ja, gern." Sie sagt das, als sei es das Selbstverständlichste von der Welt, „da sind die Karmelitinnen drauf gesessen. In der Kapelle sind noch so ein paar Stockerln."

Sie hat wirklich eine Kapelle im oberen Stock des großen Hauses eingerichtet. Mit Altar und Tabernakel, einem Kruzifix und der Figur einer Muttergottes, über einen Meter hoch, sie und das Kind in ein feierlich-strenges Samtgewand gekleidet.

„Die nehm' ich mit, wenn ich auszieh'."

In ihrem Arbeitszimmer hängen Zeichnungen von Fritz Wotruba, ein großes Foto von ihm, bei der Arbeit an der Kirche.

„Die auch." Sie zeigt auf die Zeichnungen und die vielen Bücher. Ich sitze an dem großen Wohnzimmertisch, an dem leicht fünfzehn Menschen Platz hätten. Wieder rührt mich die Fürsorglichkeit, mit der sie Kaffee kocht (für sich einen Kramperl-Tee), Brot und Butter bringt, immer wieder aufspringt – der Zucker – oder „hab' ich den Eisschrank zugemacht?" oder „das Salz für die Tomaten" oder „haben sie genug?"

Hier lerne ich „eine halbe MO" kennen. Die ÖMV ist viel zu nahe, Wien. Im Jagdhüsli ist sie ganz.

Halb ist sie auch aus einem anderen Grund – muß es sein, wenn sie überleben will: das Haus steht zum Verkauf. Sie muß anfangen, das Erdreich um sich herum aufzulockern, ihre Wurzeln langsam aus der Erde zu ziehen.

„Wie lange haben Sie hier gelebt?"

„Immer. Bis auf die sieben Jahre Gefangenschaft in Rußland. Also 53 Jahre."

Ich sehe mich um.

„Das wäre ein Haus für eine Großfamilie. Acht bis zehn liebe Leut'. Und jeder freut sich, wenn einer von ihnen die Treppe herunterkommt."

„Liebe Leut' – ja."

Sie rührt in ihrem Tee.

„Wann?" frage ich.

„Im Februar."

„Also noch ein halbes Jahr?"

„Ja."

„Haben Sie schon was?"

„Ja. Eine Wohnung, die ich kaufen werde. Aber sie wird erst in zwei Jahren fertig."

„Und bis dahin?"

„Wohne ich in meiner Garçonniere in Wien."

Wir gehen noch einmal durch das Haus. Ein Haus, das so österreichisch ist, von den Familienbildern bis zu dem alten Porzellan, dem böhmischen Rubinglas, dem Silber, ein Haus, durch das die Welt gegangen ist und ihre Spuren hinterlassen hat.

„Die sind kostbar." Sie zeigt auf zwei runde chinesische Schalen aus durchscheinendem Porzellan.

„Das ist aus Afrika, das aus Indien." Aber ich habe das Gefühl, daß sie diese „Leihgaben" mit anderen Augen betrachtet als den alten Betstuhl, und natürlich benützt sie ihn als das, was er ist, wie die alten Bilder, Möbel, wie die Bäume.

Die Fenster stehen offen, alle Fenster.

Immer noch dieser warme Wind.

Die Bäume, das ist das schlimmste, wenn man ein Haus verkauft.

Ich sage es nicht, weil ich weiß, daß sie es weiß.

Sie geht zu einer Uhr unter einem Glassturz, zieht sie auf.

Eine springlebendige Melodie; was tut sie, ja, sie „perlt" auf. Anders kann man es nicht sagen. Es ist eine Musik zum Tanzen und Springen und Sichfreuen. Eine zweite Melodie folgt, so springlebendig wie die erste. Meine Beine sind kaum mehr Stand- und Spielbeine, sondern Tanzbeine. MO nickt mir zu.

„Die gibt's nur einmal. Es gab zwei solche Uhren, aber die eine ist irgendwo untergegangen. Ein Uhrmacher, hier in der Nähe von Steinbach, hat sie im vorigen Jahrhundert gebaut und seinen beiden Töchtern zur Hochzeit geschenkt. Sie hat einen wunderschönen Stundenschlag. So schön, daß man die Zeit darüber vergessen könnte. Und nach jeder vollen Stunde spielt sie die beiden Stücke."

„Die nehmen Sie mit?"

„Und ob."

Wir stehen vor einem altersdunklen Kasten.

„Bitte langen Sie da hinauf. Sie sind größer als ich."

Ich ziehe eine Holzkassette herunter, einen knappen halben Meter lang, vielleicht 40 Zentimeter breit und 20 Zentimeter hoch. Und sehr schwer. Eine Spielkassette. So was hab' ich noch nicht gesehen. Da drinnen ist alles, was man früher gebraucht haben mag, an den langen Abenden, als das Fernsehen noch nicht jede Spielfreude totgeschlagen hatte: Dominosteine, helle Holzplättchen, mit elfenbeinernen Auflagen, Würfelbecher aus Kirschholz mit großen Würfeln aus Elfenbein. Ich drücke MO den Würfelbecher in die Hand.

„Würfeln Sie. Dreimal, bitte."

Die Würfel rollen über die Tischplatte. Ich zähle die Augen zusammen, rechne die Quersumme aus: sieben.

„Natürlich", sagt sie, „was sagen Sie dazu?"

„Nichts. Es ist eben Ihre Zahl. Außerdem: Die Götter lieben die ungeraden Zahlen."

„Jetzt Sie."

Ich würfle nur einmal. Es ist auf den ersten Wurf meine Glückszahl: die Sechs.

Wir räumen alles, Schachbrett und -figuren, Domino und Würfelbecher und Kartenspiele, sorgfältig wieder ein und verstauen die Spielkassette wieder auf dem Kasten.

Auf dem oberen Treppenabsatz, vor dem Bad und in Blickrichtung auf den langen Flur mit den Gästezimmern, steht eine meterhohe Leuchte aus Schmiedeeisen. Sie erinnert mich an die alten Seelenleuchten auf ländlichen Friedhöfen.

MO nickt.

„Eine Grableuchte. Sie ist sehr alt. Die hat einer weggeschmissen, und ich hab' sie hier aufgestellt. Das ist ein bißchen komisch – oder?" Sie sieht mich unsicher an, lacht.

„Schau'n Sie, ich hab' einen Stock hochgezogen. Sie ist ja ganz lebendig bewachsen."

„Und so hoffnungsgrün."

„Eben."

Es ist überhaupt viel Grün im Haus und drum herum. Außen die hohen Bäume, innen Asparagus, Sansevierien, Philodendron, alles üppig und zimmerdeckenhoch. Auch dieses Grün ist nicht zum Mitnehmen.

MO hat sich umgezogen. Das seidene ÖMV-Kleid gegen ein Kittelkleid aus Leinen vertauscht. Fast wie im Jagdhäusel.

Aber nur fast.

Wien ist zu nahe, und wir sind auf dem Sprung. Ein Nachmittag und ein Abend sind nicht viel.

Oder doch?

„Und jetzt spiel' ich Ihnen was vor. Schade, daß Sie nicht Russisch können."

Sie legt ein paar Platten auf. Russische Volkslieder. Ein Tenor, eine Sängerin, deren Stimme ich nicht „festlegen" kann. Sie erreicht die Tiefe eines Alts und die Höhe eines Soprans und ist in allen

Lagen von einer Kraft, die nicht weiter zu beschreiben ist, weil Worte an Klänge nicht heranreichen. Während ich höre und noch mehr fühle, bin ich nicht mehr betrübt, nicht Russisch zu verstehen. So, und nur so, weil jede Semantik wegfällt, wird auch die Sprache Musik.

Es sind Lieder mit vielen Strophen. Während der letzten drehe ich mich um. MO steht neben dem Plattenspieler, halb gebückt. Sie hört mit dem ganzen Körper, hat alles um sich vergessen. Es ist, als wäre sie „heimgekehrt". Ich begreife zum ersten Mal, was Rußland (auch) für sie geworden ist.

Später übersetzt sie mir die Lieder. Sie handeln von Liebe und Trennung und Sehnsucht. Das hört man ohnehin.

„Und jetzt noch was."

Ich habe eigentlich genug, bin hundemüde, seit sechzehn Stunden auf, möchte schlafen gehen. Außerdem war es genug Russisch.

Sie legt eine neue Platte auf, und ich falle in eine neue Überraschung.

Afrika in Steinbach. In einem 200 Jahre alten Jagdhaus. Eine Messe. Und was für eine. Mit Rasseln und Kongas, mit Solostimmen und klirrendhellen Knabenchören, das alles von einer hin- und mitreißenden Vitalität und Ursprünglichkeit, daß man vom Kyrie bis zum Agnus Dei atemlos ist.

Sie schiebt mir die Plattenhülle über den Tisch. „Songs of the Congo, Including the 'Missa Luba' a mass sung in pure Congolese style."

„Ich hab' diese Platte schon viele Jahre. Und wissen Sie, wie ich sie zum ersten Mal gespielt hab', hier in diesem Zimmer, mach' ich das Fenster auf und seh' hinaus. Es waren viele Sterne, und ich hab' sie angeschaut und hab' einen gesehen, der hat sich bewegt. Und ich hab' weggeschaut und wieder hingeschaut und hab' gedacht: Der bewegt sich wirklich. Wissen Sie, was das war? Der Sputnik. Das war 1957. Damals ist mir soviel auf einmal durch den Kopf geschossen. Ich hätt's aufschreiben sollen. Ich glaub' ich bring's nicht mehr zusammen. Ich hab' gedacht, wie großartig das ist, das Technische und was die Menschen fertigbringen mit ihren Gehirnen. Und ich hab' gleichzeitig gedacht, das Technische, das ist alles nichts, wenn uns Gott nicht die richtige Einstellung dazu gibt, das

Verständnis für das Begrenzte unseres Tuns, unserer Erfolge, das Verständnis für die Gefahren unserer Perfektion.

Und dazu diese Musik. Diese neue Kraft unverbrauchter Völker, die da aufbricht. Und wie wir schon wieder dabei sind, sie mit unseren Segnungen der Technik und Zivilisation" – sie bricht ab.

Eine Weile sitzen wir schweigend. Sie packt die Platten ein.

„Morgen müssen wir sehr früh aufstehen. Wie lange brauchen Sie im Bad?"

„Eine halbe Stunde."

„Ich weck' Sie um halb sechs."

„Nicht nötig. Ich werde wach."

„Sechs Uhr Frühstück?"

„Warum eigentlich? Mein Zug geht erst um elf Uhr."

„Ich muß um sieben Uhr bei einer Besprechung sein. Sie gehen derweil in mein Büro in der ÖMV, setzen sich an meinen Schreibtisch, können schreiben oder lesen, wie Sie wollen."

Es ist ganz still im Haus. Wir gehen nach oben. Alle Türen zu den Zimmern stehen offen. Es leuchtet auf, rötlich die alten Kirschholzkästen, Biedermeier, die Gesichter aus den Bilderrahmen, das alles –

Wir bleiben stehen, denken das gleiche.

„Wissen Sie, in kleinen Schritten geht das Abschiednehmen leichter. Das ist auch etwas, das man üben muß. Damit man es kann, wenn es soweit ist."

Ich merke erst am anderen Tag, was für eine gute Regie sie führt – wahrscheinlich völlig unbeabsichtigt. Ich sehe mich noch einmal gründlich um, bevor wir das Haus verlassen.

Ich lasse nichts liegen.

Um sieben Uhr sitze ich an ihrem Schreibtisch. Es ist fast zwei Jahre her, seit ich hier das erste Mal mit MO zusammentraf.

Auf eins hab' ich mich vergeblich gefreut. Das Bronzemodell der Wotrubakirche. Der Sockel ist leer. Das Modell ist auf einer Ausstellung in Zug in der Schweiz.

In diesem Zimmer ist sogar Wien auszuhalten. Ich gehe einmal diagonal durch den ganzen Raum: elf Meter. Und in der Breite sind es leicht sieben. Viel Grünes auch hier. Philodendron. Auf dem Schreibtisch sieben Tageszeitungen vom 2. August 1978.

Auf dem Schreibtisch auch der Spruch, von dem sie mir erzählt hat.

„Wer den grauen Alltag erträgt und dennoch ein Mensch dabei bleibt, der ist wirklich ein Held." Dostojewskij.

Daneben ein Bild von der Muttergottes in Fatima. Das Skurrile der Situation macht mir Spaß. Da sitze ich am Schreibtisch eines Vorstandsdirektors, habe keine Ahnung von Tuten und Blasen, will sagen von Wirtschaft und Kapital.

Leider vergesse ich die Situation in den drei nächsten Stunden, denn es geht „wie geschmiert" – vielleicht doch kein Wunder an diesem Schreibtisch.

Zum Genießen, und nicht nur der Situation, komme ich erst wieder, als eine Sekretärin erscheint mit der Frage, ob sie etwas für mich tun könnte.

„Oh, ja", sage ich, auch um zu erproben, ob es sich um eine rhetorische Frage handelt, „einen Kaffee hätt' ich zum Beispiel sehr gern."

Als sie mir den Kaffee bringt, und was für einen, versinke ich zur Gänze in einem der tiefen Sessel und höre auf zu denken.

Wer genießt, denkt nicht.

„Übrigens", sagt MO, als sie mich zum Zug bringt, „hab' ich Ihnen das schon erzählt, daß Sie weg waren aus dem Jagdhaus, und ich hab' einen Bock geschossen?"

„Klar", sage ich.

„Klar? Jetzt machen Sie wieder so ein hinterhältiges Gesicht wie damals, als Sie uns Weidmannsheil gewünscht haben."

„Hab' ich das?"

„Schon. Aber wie."

„Ich hab' halt auch an den Bock gedacht."

„Sie – Sie dürft' man ja gar nicht einladen ins Jagdhäusel."

„Also dann –?"

„Also dann bis November", sagt sie und winkt.

Aber es wird Januar.

154

Als ich den Telefonhörer abnehme und ihre Stimme höre, diese eilige, betont energische Geschäftsstimme, weiß ich, ohne sie zu sehen, wie sie aussieht. Sie trägt ihr Maskengesicht. Es geht ihr nicht gut. Es ist nicht an sie heranzukommen. Am Telefon schon gar nicht.

„Wir verschieben es. Einverstanden?"

Es bleibt mir gar nichts anderes übrig.

Am Abend überlege ich mir, wie oft sie „es" noch verschieben wird. Und plötzlich weiß ich, was sie sicher noch nicht weiß: daß sie Angst davor hat, das Gespräch abzuschließen. Daß sie Angst davor hat, daß die letzte Seite ihres Buches geschrieben wird.

Wieder fällt mir „der kleine Prinz" ein. Ich sehe den Fuchs neben dem Getreidefeld sitzen. Ich höre ihn sagen: „Du bist zeitlebens für das verantwortlich, was du dir vertraut gemacht hast."

Ich muß ihr sagen, daß das Gespräch nicht zu Ende sein wird.

KREUZWEGE

Einmal hat sie gesagt: „Wie oft sind meine Pläne durchkreuzt worden, und ich habe es erst später verstanden, daß es gut war und wozu es gut war. Wie oft stand ich an Kreuzwegen, an denen die Entscheidungen fallen, zum Guten oder zum Bösen."

Kreuzwege. Ich sehe ein engbeschriebenes Papier, das von zwei langen diagonalen Linien von der oberen rechten in die linke untere Ecke und von der oberen linken in die rechte untere durchkreuzt wird.

Das Bild verfolgt mich. Hier ist etwas durchkreuzt worden, vielleicht ungültig gemacht, vielleicht vernichtet.

Man kann, wenn man in einem Segelboot sitzt, gegen den Wind kreuzen. Das braucht Geschicklichkeit.

Man kann kreuz und quer in die Irre gehen. Dann braucht man den roten Faden der Ariadne.

Ein Kreuzer kann eine Münze sein oder ein Kriegsschiff.

Jemand oder etwas kann keinen Kreuzer wert sein.

Es gibt Kreuzspinnen und ihre heilsamen Gespinste.

Es gibt Kreuzschnäbel, denen man nachsagt, sie hätten dem Gekreuzigten auf Golgatha einen Dorn aus der Stirn gezogen.

Man kann ein Kreuz aufrichten und einen Menschen ans Kreuz schlagen. („Kreuzige ihn!")

Das ist nicht nur einmal geschehen. Das geschieht täglich. Man kann ihn vom Kreuz abnehmen. Kreuzabnahme. Ein Wort, das nur besagt, daß einer vom Kreuz abgenommen wird, nicht, daß das Kreuz von i h m genommen wird.

Man kann ein Kreuz schlagen aus Frömmigkeit.

Man kann sich bekreuzigen gegen das Böse.

Man kann drei Kreuze malen, wenn man nicht schreiben kann. (+ + +) Die drei Kreuze stehen für den Namen. (Als wäre der Name und die damit verbundene Existenz ein Kreuz – und mehr.) Wie merkwürdig, daß es nicht zwei sind, eins für den Vor- und eins für den Familiennamen. Drei müssen es sein. Wie auf Golgatha.

Man kann zu Kreuze kriechen.

Man kann mit jemandem übers Kreuz geraten.

Briefe können sich kreuzen und Verhängnisse, Klingen und Blicke.

Es gibt Kreuzverhöre, in denen man standhaft sein muß.

Kreuzfahrten sind keine Kreuzzüge – angefangen bei jenem ersten im elften Jahrhundert, der mit der Erstürmung von Jerusalem endete, bis zu jenem siebenten und letzten im dreizehnten Jahrhundert, Kreuzzüge, in die man mit heiligem und fanatischem Eifer zog.

Es gab einen Kinderkreuzzug.

Es gibt Kinderkreuzzüge. Nur sehen sie anders aus als damals.

Es gibt Kreuzwege: die vierzehn Leidensstationen Christi.

Es gibt Kreuzwege, an denen Dämonen lauern. Hier kreuzen sich zwei Richtungen, fallen die Entscheidungen zum Guten oder zum Bösen.

Wer in einem Bannkreis steht, ist geschützt.

Sieben Jahre war sie in russischer Gefangenschaft. („Die Sieben ist übrigens meine Glückszahl.")

Sie konnte nicht wissen, daß es auf sieben Jahre begrenzt sein würde.

„Verurteilt zu fünfundzwanzig Jahren Zwangsarbeit, zu jeder Arbeit einzusetzen, auch wenn es Sie das Leben kostet."

Damals stand sie in keinem Bannkreis, der sie schützte. Nach sieben Jahren mußte sie damit rechnen, noch nicht ein Drittel der Strafe verbüßt zu haben.

Aus all den Kreuzwegen, an die sie gestellt wurde, an denen sich alles zum Guten oder Bösen entscheiden konnte, wurde ein Kreuzzug, den sie, im Gegensatz zu den Kreuzrittern, nicht als Gläubige angetreten hatte.

Das wurde sie erst in den Jahren ihrer Gefangenschaft und blieb es durch die Erfahrung, daß sie ohne den Glauben an Gott nicht überlebt hätte.

Nach der Gefangenschaft trat sie ihren Kreuzzug gegen die Ungläubigen an. Das heißt in unserer Zeit: gegen die Gleichgültigen. (Der Bau der Wotrubakirche ist nur e i n sichtbares Zeichen.)

Diesen Kreuzzug hat ihr niemand aufgezwungen. Sie geht ihn,

157

weil sie nicht anders kann: aus Verantwortung gegenüber den Menschen, aus Dankbarkeit gegenüber Gott.

Immer wieder steht sie an Kreuzwegen, an denen die Entscheidungen fallen, zum Guten oder zum Bösen.

In den Kreuzzügen wurde ein Kreuz, groß und sichtbar, vor dem Zug hergetragen.

Es gibt Kreuze, die unsichtbar sind und deshalb nicht weniger schwer lasten. Man kann sie freiwillig tragen. Sie können einem auferlegt werden.

Wer es trägt, weiß, daß es ab und zu eine Veronika mit dem Schweißtuch, einen Simon von Kyrene geben kann. Wer auch immer tragen hilft: die Last kann er keinem abnehmen.

DER FUCHS

Noch einmal in der Jagdhütte.

Als ich das erste Mal hier war, zeigte das Thermometer auf dreißig Grad Wärme. Heute sind es fünfzehn Grad Kälte. Der Sturm heult um die Hütte wie die Wilde Jagd. Die Vorhänge bleiben geschlossen, auch die Fenstergitter. Der Oberförster hat vorgesorgt und eingeheizt. MO hat Pelz und Hut in den Kasten gehängt, Filzpatschen angezogen, eine schwarze Baumwollhose, eine Art Kleiderschürze, darüber eine Wolljacke, dazu ein Tuch um den Kopf. Als sie jetzt noch eine knielange Jacke anzieht, im Keller verschwindet und mit zwei Ölkannen in den Händen wieder auf der Stiege erscheint, muß ich lachen.

„Was is'?" fragt sie, setzt die Kannen ab und schiebt das Kopftüchel aus der Stirn.

„Die Ölkönigin", sage ich.

„So haben Sie sie sich vorgestellt, was?" fragt sie und lacht auch. Sie füllt den großen Ofen auf, zieht die lange Jacke aus und verschwindet in der Küche.

„Na?" sagt sie, als sie ihre Nudelsuppe und mein Käsebrot auf den Tisch stellt, „wie weit sind Sie?"

„Wir werden fertig."

Sie hört zu essen auf.

„Hier? In den paar Tagen?"

„Ja."

Sie löffelt schweigend weiter.

„Es liegt an Ihnen", sage ich, „Sie bestimmen das Ende des Buches."

Sie nickt.

Daß die Rehe bis an die Hütte kommen, ist bekannt. Aber als ich am Morgen aus dem Fenster schaue, sehe ich, dicht vor mir, in ein Paar schräge grüne Augen.

„Hallo", rufe ich nach oben, „was tut ein Fuchs?"

„Was heißt ‚tut ein Fuchs‘?" tönt es verschlafen aus der oberen Stube.

„Na – ob er läuft oder geht oder –, wie heißt das?"

„Er schnürt oder zieht. Wieso eigentlich?"

„Es schnürt oder zieht einer. Ganz dicht am Haus. Wollen Sie ihn streicheln? Ein König von einem Fuchs, lang von hier bis dort, mit einem Schwanz so dick wie ein Baumstamm."

So schnell hab' ich MO noch nie die Treppe herunterkommen sehen.

„Wo?!"

Der Fuchs ist hinter den Tannen verschwunden. Eine Schneewolke, die herunterstäubt, ist das letzte Zeichen. Wir sehen uns an.

„Wie groß, sagen Sie?"

Ich zeige es ihr, ohne zu übertreiben.

„Herrschaft", bricht sie aus, „das kommt alle . . . zig Jahre nur einmal vor. Den hätte ich schießen können."

„Es tut mir leid", sage ich langsam.

Sie wirft mir einen Blick zu, der besagt, daß sie mich durchschaut. Hat sie alles durchschaut?

Als wir beim Kaffee sitzen, sagt sie: „Rute."

„Wie, bitte?"

„Sie haben Schwanz gesagt. Es heißt nicht Schwanz beim Fuchs, sondern Rute."

„Ah ja", sage ich, „wissen Sie, ich glaube, der Fuchs hat Lunte gerochen, als sie die Treppe heruntersausten."

Sie schüttelt nur noch den Kopf.

„Haben Sie ihn genau gesehen?"

„Genau – es waren ja nur zwei bis drei Meter zwischen uns. Wie der mich angeschaut hat mit seinen grünen Augen –"

„Lichter."

„Wie, bitte?"

„Es heißt nicht Augen beim Fuchs, sondern Lichter."

„Ein König von einem Fuchs", sage ich.

Ich bin sehr aufgeregt. Es ist der erste Fuchs, den ich in der Freiheit und so zum Greifen nahe gesehen habe.

Daß er nicht neben einem Kornfeld saß, sondern durch den Schnee zog, stört mich nicht.

Ich bin den ganzen Tag über sehr froh über den schönen lebendigen Fuchs.

Ich habe ihr den Titel gesagt. Sie nickt.
„Keine Widerstände? Kein Beharren auf ‚mein Kampf um Gott‘ oder ‚mein Weg zu Gott‘?"
Sie winkt ab.
„Wissen Sie, die Titel wären falsch. Es klingt, als wäre etwas abgeschlossen. Das ist es nicht. Der Kampf hört nicht auf, und den Weg geht man sein Leben lang."
„Mit Durststrecken?"
Sie nickt wieder.

Es gibt noch ein retardierendes Moment. Wir haben zwei Tage lang das Manuskript durchgesehen. Ich lerne MO als gründlichen Leser kennen.
Am Abend nimmt sie das Manuskript zu einer letzten Durchsicht mit nach oben in ihre Stube. Es ist nach Mitternacht, als sie das Licht auslöscht.
Am anderen Morgen, als es von oben klopft, ziehe ich die Harmonikatreppe herunter. MO steht schon oben, das Manuskript in der Hand, das ich ihr am Abend, festgeheftet in einer Mappe, gegeben habe. Was ich nicht weiß, ist, daß sie das Manuskript nicht wieder festgeklemmt hat. Über zweihundert Seiten wirbeln durch die Luft. MO steht oben wie Frau Holle und sieht dem weißen Treiben entgeistert zu, während ich die Situation viel zu komisch finde, um mich zu ärgern. In der nächsten Stunde vergeht mir das Lachen. Ich knie wie ein armer Sünder auf dem Boden und sichte und sortiere geduldig und grimmig an die zweihundert Seiten – unnumerierte übrigens.
„Das war der Teufel", entrüstet sich MO.
„Jetzt lassen wir den Teufel aus dem Endspiel", sage ich, „das war unsere Schlamperei."
An diesem Morgen hab’ ich mir immerhin das Frühstück verdient.
Sie liegt wieder auf der Eckbank. Sie hat leichtes Fieber.
„Das hab’ ich oft."

„Fürchten Sie sich vor dem Sterben?"

Sie ist nicht überrascht.

„Vor dem Sterben nicht, aber vor dem Krepieren. Ich habe immer Angst vor der Folter gehabt, vor Schmerzen. In der Folter haben schon viele abgeschworen. Davor hab' ich Angst."

„Möchten Sie noch eine Weile leben?"

„Ja. Früher hab' ich das oft nicht gewollt. Es gibt noch so viel."

Plötzlich macht sie wieder einen ihrer berühmten Gedankensprünge. „Wie wird das weitergehen in der Welt? Diese Europäer, die immer hab- und raffgieriger werden, die um das Goldene Kalb herumtanzen. Die Vorbilder sind Vorbilder des Teufels: nur Materielles zählt."

„Und woher kommt die Rettung?"

„Vielleicht aus dem Osten. Aus dem Osten, der sich sehr wandeln müßte. Er hat einen Vorteil. Unverbrauchte Menschen. Auch Menschen, die bereit sind, Opfer zu bringen – vielleicht auch deshalb, weil sie wenig zu verlieren und viel zu gewinnen haben. Der Westen ‚hat', und das verdirbt. Man will nichts ‚verlieren', daher auch nichts wagen und opfern.

Der Mensch wird in dieser Welt vor Entscheidungen gestellt und muß ja oder nein sagen. Noch ist es nicht zu spät."

„Und Sie?" frage ich, „und die Mission? Wollten Sie nicht mal in die Mission gehen?"

Sie schüttelt entschieden den Kopf. „Sie würden sich wundern, wo ich noch überall hingehen werde. Aber in die Mission nicht. Ich habe das manchmal gewollt und habe mir vorgemacht, wie edel und aufopferungsvoll das gewesen wäre. Und was wäre es wirklich? Feigheit, der Wunsch, sich nicht mehr zu stellen, sich vor der Verantwortung zu drücken. So bequem wollt' ich mir's machen: in eine Missionsgesellschaft eintreten, die mir Sicherheit gibt. Das ist vorbei. Ich werde für andere geradestehen und damit für mich."

„Also kein neues Leben beginnen?"

„Das gibt es nicht. Man läuft dem alten nicht davon. Hier steh' ich, angefeindet, verleumdet, lächerlich gemacht –" sie schlägt mit der Hand auf den Tisch, „hier bleib' ich."

„Die Arbeit liegt auf der Straße?"

„Richtig. Die Mission ist jetzt und hier."

„Halt!" sage ich, „das ist ein Schlußwort, wie mir kein besseres einfallen könnte."

Sie schweigt, sieht mich an, während mich der Fuchs, der schöne lebendige Fuchs, ansieht.

Ich mache ein paar Notizen, schichte die Blätter in die Mappe, klappe den Deckel zu, während sie mich noch immer ansieht.

„Ende der Gespräche", sage ich so leicht hin wie möglich und sehe sie an, „aber, wenn Sie einverstanden sind, nicht Ende des Gesprächs."

Sie nickt mir zu.

Dieses Buch ist nicht die Geschichte einer Gefangenschaft, davon gibt es viele, sondern die Wirkung einer Gefangenschaft.

Als ich an dem Buch arbeitete, fiel mir ein Aphorismus aus Theodor Siecheneders „Erfahrungen" in die Hände: „Man möchte meinen, daß Unmenschlichkeit, Grausamkeit und Folterung, die man selbst erfuhr, Verständnis weckt für Leiden. Das Gegenteil ist oft der Fall. Erlittenes Unrecht wird weitergegeben wie Falschgeld."

Die menschliche Größe Margarethe Ottillingers liegt darin, daß sie erlittenes Unrecht nicht weitergegeben hat wie Falschgeld. Daß sie eingesehen hat, wozu die Prüfung der sieben Jahre Gefangenschaft in Rußland nötig und gut war.

Sie sagt: „Es war mein Weg zu Gott."

Dieses Buch ist ein Arbeitsbericht. Wenn ich es so verstanden wissen möchte, spreche ich als Schreiber. Für Margarethe Ottillinger ist es mehr: Schicksal, gelebtes Leben.

Ich habe versucht, die Wahrheit mit einfachen Worten zu schreiben, weil ich glaube, daß man dem Menschen, von dem dieses Buch handelt, so gerecht wird.

Auch dem Leser, der ein Recht darauf hat, diesen Menschen so gut kennenzulernen, wie es über ein Buch möglich ist. Ich habe, als ich den Auftrag erhielt, es zu schreiben, vom ersten bis zum letzten Gespräch aufgeschrieben, wie es verlaufen ist. Mit allen Schüben, Verzögerungen, Ebbe- und Flutzeiten, Flauten und Durststrecken.

Mit dem letzten Gespräch bin ich nach mehr als zwei Jahren Teilnahme an einem fremden Schicksal in eine neue innere Freiheit entlassen worden.

CATARINA CARSTEN

DER „FALL OTTILLINGER" – EIN NACHWORT

Ich war nicht mit dabei, aber ich kann es mir nur zu gut vorstellen, wie die Fachleute im Verlag beisammensaßen, sich den Kopf zerbrachen und sich nicht auf eine dieser einfachen Formeln einigen konnten, wie man sie heute im Buchgeschäft so gern hat: eine simple Antwort auf die Frage, warum der Fall Ottillinger jetzt, Jahrzehnte, nachdem er sich ereignet hat, die Öffentlichkeit nochmals beschäftigen soll. Cui bono, wer hat schon was davon, mögen sie sich gefragt haben.

Gewiß, ein außerordentliches Schicksal. Aber ging es nicht Tausenden und Abertausenden auch so oder ein bißchen anders? Und hat sich nicht noch alles zum Guten gewendet? Schließlich hat Margarethe Ottillinger alle Schrecken, alle Qualen endlich überstanden, sie ist nicht daran zugrunde gegangen, wie so viele andere, sie ist nicht zerbrochen in der gnadenlosen Maschinerie, wie so zahllose andere.

Und ist sie nicht nach der Rückkehr in ihre Heimat zu hohen und höchsten Funktionen aufgestiegen, hatte sie nicht Gelegenheit, ihre Tüchtigkeit in einer der verantwortungsvollsten Positionen, in die je eine Frau in Österreichs Wirtschaft aufgerückt ist, durch erfolgreiches Wirken zu beweisen, wurde sie nicht geehrt, geachtet, geschätzt? Blickt sie nicht auf ein erfülltes, tätiges Leben?

Gewiß. So könnte man argumentieren.

Aber man kann es auch anders sehen. Eigentlich muß man's anders sehen.

Gerade, weil die einen schon vergessen haben, was damals möglich war, was zum Alltag gehörte. Weil andere gar nicht wissen und es nicht für möglich halten, was der Mensch in seinem dunklen Drang, dem anderen ein Wolf zu sein, dem Menschen anzutun bereit und imstande ist. Gerade, weil hier ein Mensch wie du und ich aus unvorstellbarem Erleben die Kraft schöpfte, durchzustehen, zu überdauern, sich zu behaupten.

Ja noch viel mehr: weil sich hier ein Mensch allen Gewalten zum

Trotz nicht nur erhalten, sondern zu einem anderen Dasein durch-gerungen hat. Sie hat nicht vergessen. Sie wird nie vergessen. Noch immer schreckt sie manchmal in der Nacht auf oder liegt stunden-lang wach, während die Filmszenen der eigenen Vergangenheit an ihr vorüberjagen oder qualvoll langsam, Kader für Kader, Bild für Bild, an ihr vorüberrücken.

Sie hadert nicht mit ihrem Schicksal, sie ist nicht von Haß erfüllt. Aber sie vollzieht es immer noch und immer wieder nach, dieses beklemmende Gefühl, daß man an einem Tag wie jedem anderen aufwachen konnte, nach dem Wetter sah, seine Arbeit und sein Vergnügen plante, ein bißchen frohgemut, ein bißchen angespannt, ein bißchen erwartungsvoll – wie das eben so ist am Morgen. Und wie dann in die gewohnte Wirklichkeit plötzlich wie ein Felssturz eine andere einbrach. Wie man aus der vertrauten Welt gerissen und in eine andere geschleudert wurde, aus der es kein Zurück gab – zumindest für Jahre, vielleicht für ein Leben lang, das wußte man noch sehr lange nicht.

Schon der Abend des gleichen Tages sah anders aus. Ganz anders. Und erst die nächste Woche. Der nächste Monat. Das nächste Jahr. Die nächsten Jahre. Das gesamte Leben wurde anders.

Und dieses Schicksal kann man, soll man, muß man ruhig nacherleben. Gerade, weil dabei niemand ruhig bleiben kann, hat Catarina Carsten im Gespräch mit Margarethe Ottillinger die Ge-schichte ihres Lebens atemberaubend festgehalten, bringt der Verlag sie als Buch heraus.

Gedankenspiele um die Frage „Was wäre gewesen, wenn?" haben wohl die meisten schon betrieben. Wenn schon nicht um den Gang der Geschichte, dann doch ums eigene Schicksal hat man irgend-wann hin und her sinniert, wie leicht alles hätte anders kommen können, wenn nur – ja, wenn eben.

Gedankenexperimente, nicht mehr. Und trotzdem so viel. Selbst eine so tatkräftige Person wie Margarethe Ottillinger gibt sich ihnen manchmal hin. Grübelt, wie ihr Leben anders verlaufen wäre, hätte sie dieses oder jenes anders gemacht, nicht gesagt, nicht getan. Ob sie, wenn sie ihr Schicksal hätte voraussahen können, es hätte beeinflussen können. Ob sie es rückwirkend würde ändern wollen, wenn das ginge, ausgestattet mit dem Wissen von heute.

166

Als sich die damals 28jährige Leiterin der Planungssektion im österreichischen Bundesministerium für Vermögenssicherung und Wirtschaftsplanung im November 1948 gemeinsam mit ihrem unmittelbaren Chef, dem Minister Dr. Peter Krauland, auf Dienstreise nach Salzburg und Linz begab, deutet nichts auf einen ungewöhnlichen Verlauf der Fahrt. An der sogenannten Demarkationslinie an der Ennsbrücke, dem lückenlos kontrollierten Übergang zwischen der Wien umgebenden sowjetischen Besatzungszone und dem unter amerikanischer Verwaltung stehenden Oberösterreich, wird das Regierungsfahrzeug mit der gewohnten, gebührend beflissenen Korrektheit rasch abgefertigt.

Ein paar Tage später, auf der Rückfahrt nach Wien, wird Margarethe Ottillinger unmittelbar nach dem Übergang in den sowjetischen Machtbereich aus dem Wagen geholt und festgehalten. Der Minister darf weiterreisen. Für die junge Frau beginnt eine siebenjährige Hölle, von einem Verhör zum anderen, von einem Lager ins nächste. Monatelang wird sie innerhalb Österreichs vernommen und verlegt, von St. Valentin nach Baden, dem Sitz des sowjetischen Hauptquartiers, von dort nach Neunkirchen, dann ab ins Durchgangslager Lemberg und weiter ins Wald-Sumpf-Lager Potma, westlich der Wolga, dann in die berüchtigte Ljubljanka und die Budirskaja (Moskau). Nach schwerer Erkrankung durchwandert sie Spitäler und Invalidenlager, die letzten zweieinhalb Jahre landet sie im Politisolator Wladimir, 200 km nordöstlich von Moskau.

Die junge Österreicherin macht alle Schrecken und Leiden durch, die für viele Hunderttausende, Russen wie Ausländer, zum Alltag der Stalinära gehören. Sie übersteht Hunger, Durst, Schmutz, Verwahrlosung, Einzelhaft, die Qualen der Ungewißheit, ob und wie sie überleben wird. Nichts, was sie nicht erlebt, Hoffnungslosigkeit und Verzweiflung, ohnmächtige Wut und hilflos-stumpfes Versinken, nahe der Selbstaufgabe. Sie kämpft um ihre Rechtfertigung, sie erfährt aber auch die „schirokaja natura", das weite Land der russischen Seele, das beglückende Gefühl stillschweigenden Einverständnisses mit wildfremden Schicksalsgenossen in gleicher Notlage, die sich bereit finden, auch noch das Letzte zu teilen. Und sie lernt, sich als Einzelpersönlichkeit im Straflagerkollektiv zu behaupten und im Feuerofen von Leid und Leiden Stärke zu gewinnen.

Die Wurzeln ihrer Kraft kommen – damals wie heute – aus ihrem Glauben. Aus einer schlichten, selbstverständlichen, handfesten Gläubigkeit. Ihr Christentum trägt sie nicht auf den Lippen in Gestalt gefälliger Formeln, sondern sie praktiziert es durch die beherzte Tat, durch den Wunsch und die Fähigkeit zu helfen, hier und gleich.

Nach sieben Jahren, 40 Tage nach Unterzeichnung des Österreichischen Staatsvertrages im Jahre 1955, kehrt sie im Rahmen einer allgemeinen Amnestie zurück, verwandelt und doch als der gleiche Mensch, verändert und doch ungebrochen. Sie wehrt sich freilich sofort und hartnäckig dagegen, aufgrund der Amnestie entlassen zu werden. Sie ist sich keiner Verfehlung, keiner Schuld bewußt und kämpft weiter gegen das Urteil an, das sie fast acht Jahre ihres Lebens kostete.

So beginnt ein anderer Leidensweg, in der Heimat, wo man sie immer noch halb und halb für rechtskräftig verurteilt hält („irgendwas wird schon dran sein") und wo man die Sowjets auch nach ihrem Abzug noch fürchtet. Wo man es ihr deshalb alles andere als leicht macht, ein neues Leben anzufangen. Erst auf ihr zähes und unermüdliches Betreiben wird schließlich das über sie verhängte Urteil auf 25 Jahre Zwangsarbeit wegen „Beihilfe zum Landesverrat sowjetischer Offiziere und Spionage zugunsten des US-Geheimdienstes" vom Obersten Sowjet nach uneingeschränkter Rehabilitierung aufgehoben. Dann, an die zwei Jahre nach ihrer Heimkehr, erhält sie, zunächst als Konsulentin der Österreichischen Mineralölverwaltungs AG (ÖMV) herangezogen, die Prokura und wird schließlich in den vierköpfigen Vorstand berufen, in dem sie mehr als 25 Jahre wirkt.

Ihr umfassend scharfer Sachverstand bewährt sich in der vielschichtigen Problematik des (damals) 10.000 Beschäftigte starken Unternehmens. Bis zu ihrem Ausscheiden in den Ruhestand zeichnet sie verantwortlich unter anderem für Personalfragen und Planung. In dem nach Bilanzsumme und Beschäftigtenzahl drittgrößten Unternehmen der Alpenrepublik stemmt sie sich erfolgreich allen Versuchen der kommunistischen Betriebszellen entgegen, deren überstarke Position weiter auszubauen. Sie gewinnt vielfach Zuneigung beim Personal, Achtung auch beim kommunistischen

Teil der Belegschaft durch ihr zielstrebiges Engagement im Sozialbereich. Die heikle Aufgabe der durch rückläufige Produktionsziffern und schrumpfende Ertragslage unerläßlich gewordenen Reduktion des Personalstandes führt sie mit fester Hand, in Härtefällen aber auch mit verständnisvollem Herzen, durch.

Durch ihre Planungs- und Koordinationsarbeit hat sie entscheidenden Anteil daran, daß in dem Vierteljahrhundert, das sie dem Vorstand angehört, aus einem während der Besatzungszeit zersplitterten, ausgebeuteten und überalterten Unternehmen ein leistungsfähiger Betrieb wird, mit hoher Überlebenskraft auch in wirtschaftlich schwieriger Zeit.

Ein weiter Weg: Ein Landmädchen aus einem kleinen Ort in der Nähe Wiens erzwingt durch die ihr schon damals eigene Beharrlichkeit die Versetzung von der Dorfschule in die letzte Klasse einer städtischen Volksschule der Großstadt. Sie macht ihre Reifeprüfung an der als Eliteschule geltenden Bundeserziehungsanstalt, finanziert ihr Studium an der Hochschule für Welthandel als Volontär bei einer internationalen Spedition, bei den Veitscher Magnesitwerken, dann bei einer Feigenkaffeefabrik. Nach der Promotion wird sie wissenschaftliche Mitarbeiterin bei der Reichsvereinigung Eisen, wo man sie bald zum stellvertretenden Geschäftsführer macht. Nach dem Krieg übernimmt sie – politisch völlig unbelastet – in der Nachfolgeorganisation, der Bundeswirtschaftskammer, die Geschäftsführung für den entsprechenden Bereich. Ein Jahr später holt man sie ins Ministerium, sie wird Leiterin der Planungssektion, den ranghöchsten Beamten – den Sektionschefs – gleichgestellt, ihnen in ihrer Koordinationsfunktion und als rechte Hand des Ministers de facto vorgesetzt.

Ihrem hohen Organisationsgeschick und der Managementbegabung hatte die Doktorin der Handelswissenschaften nach dem Krieg ihren beruflichen Aufstieg zuzuschreiben und die Betrauung mit der verantwortungsschweren Aufgabe, die Pläne für den Wiederaufbau der österreichischen Wirtschaft auszuarbeiten – auch für den 1948 anlaufenden Marshallplan, dem Österreich in erster Linie die rasche wirtschaftliche Erholung zu danken hatte. Ihre Pläne wurden auch nach ihrer Festnahme so gut wie unverändert zur Grundlage für die weitere Wirtschaftsplanung genommen.

Welche Verstrickung von Mißgunst, Intrige, Mißverständnissen, Argwohn, Denunziation dazu führte, daß sie in die erbarmungslose Mechanik der sowjetischen Verfolgungsbürokratie geriet, blieb im Grunde unbeantwortet und wird sich wohl nie mehr restlos aufklären lassen.

Eberhard Strohal

Als Studentin, auf Ferien daheim

Margarete Ottillinger als Studentin an der Hochschule für Welthandel

1947 – Inbetriebnahme des Werkes in Kapfenberg: M. O. mit Gen.-Dir. Schwarzenberg und Oberst Watson (mit Kappe) von der englischen Militärregierung

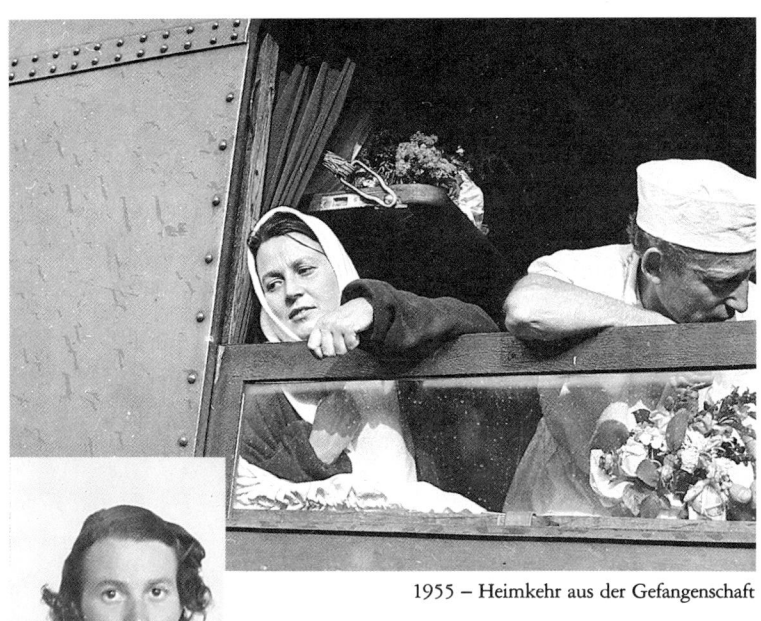

1955 – Heimkehr aus der Gefangenschaft

Unmittelbar nach der Rückkehr aus der Gefangenschaft

Mit Bundespräsident Dr. Schärf und dem
Vorstand der ÖMV AG
Feier im Erdölfeld
Inbetriebnahme des ersten Hochofens in Donawitz
mit Bundeskanzler Dr. Figl

Mit Bundeskanzler Raab
bei einer Inbetriebnahme

Bei einer Pressekonferenz in Los Angeles, USA (1959)

M. O. mit ÖMV-Arbeitern (1982)

Am Schreibtisch
in der ÖMV AG

Oben links:
Gesehen von
Maler Steininger
(Krems)

Mit Herrn Min.
Ossipow (UdSSR)
in Österreich
anläßlich des
10jährigen Bestehens
der Erdgaspipeline
von der UdSSR
nach Europa

M. O. mit dem
Bronze-Modell
der von ihr initiierten
und verwirklichten
Wotrubakirche
in Wien-Mauer

175